環境リスク論

環境リスク論

― 技術論からみた政策提言 ―

中 西 準 子

岩 波 書 店

目　次

目　次

序章　新しい環境論の基礎

現在の環境問題の特徴

環境問題に対する処し方、環境政策の原理はこれまでどおりであってはいけない。では、どうすればいいのか、この問いにこたえようとするのがこの本の主題である。

わが国での環境問題の捉え方の主流は、いまでも公害問題の捉え方の延長である。行政もそうだが、市民運動やマスコミの主張も例外ではない。しかし、われわれが今直面している環境問題、あるいは今後ますます問題になるであろう環境問題は、その本質的な性格が公害問題とは違っている。その違いをよく見極めて対処しないと、環境保護のためと言いつつ、実は別のところで違う種類の大きな環境問題を引き起こしてしまう危険性もある。他の環境問題を引き起こすかもしれぬという心配をしなければならないところが、新しい環境問題の特質の一つである。

今われわれが直面する環境問題とは何か？　一つは、広域環境問題、もう一つは未来環境問題である。広域環境問題には、酸性雨、農薬による人間の健康や生物への影響、商品に含まれる化学物質による微量で複合的な環境影響(人と生物)、原子力の使用にともなう放射性物質の環境影響などが含まれる。未来環境問題には、自然環境の破壊、熱帯雨林の問題、気候温暖化、生物種の激減などがある(中西準子『水の環境戦略』岩波書店、一九九四年)。

現在の環境問題と過去の公害問題との違いは、以下に列挙できる。

(1) 一人一人の、あるいは特定の場所が受ける危険性の大きさはさほど大きくはないが、その影響を受ける人の範囲は大きく、地域的な範囲も広い。

(2) 化学物質などによる影響でも、個々の化学物質の影響はさほど大きくはないが、多種の化学物質に曝され、複合的な影響を受けているという特色がある。

(3) 公害問題でも科学的な因果関係(法的な意味ではない、自然現象の原因と結果である)を特定するのは簡単ではなかった。しかし、今問題にしている環境問題での因果関係の証拠の不確かさは、その比ではない。ともかく、はっきりしない。少なくとも過去の公害問題ではなんらかの現象が起きていた。人が病気になったり、草木が枯れたり、水が異変を証明していた。しかし、いまわれわれが論じている地球環境問題では、本当に二酸化炭素によって気候が変わるのか、実は分からない。つまり、結果ですら明らかでない。この不確かさこそ、今われわれが直面している環境問題の大きな特色である。

(4) 多くの事象が環境影響を及ぼすようになってきたため、多面的に環境影響を評価し、相互の関係を考えなくてはならなくなった。原料から生産、使用、廃棄に至るまでの各ステップの環境影響を考慮しなければならない。また、有害物による影響だけではなく、農業開発や埋め立てなどの面的な開発も大きな環境影響を引き起こすこと、特に、エネルギー消費が大きければ、それによる環境影響は無視できないことに注意する必要がある。

公害問題では、毒物をエネルギー消費で置き換えるというかたちでの解決がしばしば見られた。電力などのエネルギー資源を使ったり、または、別の資源を使うことで毒物の除去が行われた。汚水処理などはその典型例である。それは、その地域の汚染を解決するので、公害問題の解決手段としてはいいのだが、地球環境的な視野からは常にいいとは言えない。エネルギー資源や他の資源の消費量が度を越していれば、毒物の除去がむしろ地球環境的には望ましくないということもあるからである。

(5)　多岐にわたる活動からの環境影響が考えられることから、環境保全と生活レベルとのバランスの問題を考慮しなければならない場面が多くなってきた。そして、そのバランスの取り方は、従来のようなトレードオフ的なものだけでなく、環境保全と生活レベルの向上が両立するような新しい展開が必須になっている。

(6)　環境問題で予想される結果は、近い将来における人類の生存の危機である。つまり、未来のために、現在なにをすべきかという問いに答えなくてはならない。時のずれを解決しなければならなくなってきた。

(7)　資源枯渇、エネルギー枯渇の問題もまた、近い将来の人類の生存の危機をもたらすかもしれぬ重要な課題である。とすれば、地球環境問題は、少なくとも資源枯渇、エネルギー源枯渇問題と同じ枠組みで検討されなければならない。

リスク論とエンドポイント

このような特徴をもった環境問題に立ち向かい、できるだけ合理的な手段で解決策を提示していくとき、どうしてもリスク論が必要である。なぜ必要か？　そもそもリスク論とは何か？　そのリスクをどのような原理で運用するのか？　をこの本の中で考えていきたい。おって詳しく述べるが、最初に環境リスクの定義だけしておこう。環境リスクとは、〝環境への危険性の定量的な表現で、「どうしても避けたい環境影響」の起きる確率で表現される〟と定義できる。どうしても避けたい重大なことがしばしば起きることは、リスクが大きいことになる。

化学物質の危険性管理について考えてみる。ある化学物質の発がん性が問題になっているとしよう。この場合は、「どうしても避けたいこと」はがんになることである。そこで、発がん確率が発がんリスクになり、その化学物質のリスクになる。

化学物質の危険性をリスクというかたちで評価し、制御していこう、これが私の考え方である。危険性をリスクと表現することは、単なる言い換えではない。従来の考え方、ある基準があってそれ以下なら安全で、それを超えると危険であるという二分法的な考え方を否定するところからはじまる。リスクには、安全がない。リスク論とは、安全領域がない危険性とわれわれはどうつきあうかという科学である。

リスク論には、安全領域がないから、そこに逃げ込んで問題を解決することができない。リスクをどう管理するかという課題にいつもいつも直面することになる。これがリスク・マネージメントである。つまり、微妙な危険性もリスクとして評価する代わりに、ある程度のリスクは許容するという立場に立つのである。

こういう考え方は日本人には向かないという話をよく耳にする。特に、官庁の人はそう主張する。たしかに、これまでの日本人は、リスク論など受け入れないというのが一般的であった。市民運動の要求、新聞や週刊誌の論調を見ていると、平常時は行政機関にすべてを委せ、事件が起きると行政機関の責任追求一色になる。絶対安全がどこかにあり、それを行政が用意してくれることが前提になっている論調が圧倒的である。

しかし、私はリスク論が日本人に受け入れられないという常識を認めない。理由は三つある。一つはそれでしか、今まで以上の安全が保証できないこと、第二に、教育水準が高いこと、第三は、生活水準が高く、そのレベルがかなり揃っていること、つまり上下の格差が小さいことである。

極端な不平等があれば、下層にいる人はリスクをどう管理するかなど考えず、上層の人の責任だと考えるだろう。ある種のリスク管理に莫大な資金が投入されようと、あるいは節約されようと、低所得者には所詮関係がないのである。しかし、社会が平等であれば、リスク管理の影響を直接受けることになるし、またそのための費用も負担しなければならない。そのため、社会のことを自分のこととして考えることができるようになるのである。

リスク論は日本人には向かないという人は、日本人の変化を見落としている。過去と今の日本人を見ているが、どう変わろうとしているかを見ていない。重要なのは、日本人の気質ではなく、それを理解する物質的な基礎があるかどうかである。リスク論を理解する物質的な基礎の点で、日本は世界でもっとも条件が揃った国である。

私のリスク論は環境保護派の市民運動側から猛反発を食らうと心配してくれている友人たちがいる。市民運動はしばしば絶対安全を要求してきたからである。心配は有難いが、私はそうは思っていない。もちろん、少し時間がかかるかもしれない。しかし、必ず理解される自信がある。それは、今述べたような物質的な基礎があるし、誰かに治めてもらうのではなく、自分たちで管理するという考え方になれば、リスクをゼロにするという考え方では対処できず、リスクとどうつきあうかという考え方に移行せざるを得ないからである。

日本が世界中で所得格差の最も小さい富んだ国だからである。私は、気質を問題にしない、生活の物質的な基礎を見ながら、自分の理論を構築している。極端に不平等な社会であれば、リスク論が理解されないだけでなく、その適用が間違っているのである。

化学物質と人の健康との関係で、リスク評価が課題になってきたのは、発がん性物質が増えてきたからである。それまでは、有害な物質については、行政が安全基準を出し、その範囲内で化学物質を使うというルールがあった。そこで提供される安全基準が必ずしも安全を保証するものでないことは、多くの人が気付いてはいるのだが、はっきりした事故がおきるまでは黙っているというのが普通であった。

この安全基準の基礎になっているのは、一定量の有害物が体内に入っても人間の身体には治癒能力があるから安全であるという考え方である。これを、われわれはしきい値があるとか、恕限《じょげん》度《ど》があると表現する。

ところが、発がん性物質が登場するようになり、発がんの機構が分かってくると、恕限度のある発がん機構を仮定することが無理だと考えられるようになってきた。恕限度がなければ、どんな少量でもその量に応じた危険性があることになるから、安全基準を決めることができない。であるならば、小さいとはいえ残っているその危険性を、どう扱えばいいかということが議論されるようになった。そのためには、まず実験で証明できないような小さな発病率を定量的に推定する理論が必要になった。これがリスク評価の科学のはじまりである。実験では証明できないので、常に不確かさをともなうことになる。

繰り返せば、リスクとは、不確かな、そして従来の意味からは安全と判断されるが、現実には灰色の危険域の危険性を、定量的に表現したものである。

発がん性と非がん性

発がんの危険性については、発がんリスクが計算され、それを基準にした政策決定が行われるようになりつつある。しかし、今でもがん以外の病気の危険性については、従来どおりの安全基準が決められ、危険か安全かの二分法的な考え方が適用されている。しかし、その安全基準は一つの化学物質に対するものに過ぎない。多くの化学物質に同時に曝されている現状では、その種の二分法的な考え方でいいはずがない。安全領域(或いは灰色部分と表現した方がいいかもしれない)の潜在的な危険性を定量化し、化学物質の種類が増えていけば加算するような操作ができなければおかしい。つまり、非がん性の有害物質に対してもリスク評価手法がなくてはならない。

今のリスク評価では、発がん性物質にはリスク評価手法が適用され、非がん性有害物質については安全基準が適用されているので、結局発がん性物質は小さくともリスクがあるから危険で、非がん性物質は一定値以下ならリスクがないから安全と理解されている。そのため、発がん性物質が禁止され、非がん性有害物質に転換している。しかし、これで本当に危険性が減っているかについては大いに疑問がある。ゼロに至るまでのリスクが評価できるようにしている物質と、そもそも評価できないようにしている物質とを比べているからである。

発がん性物質と非がん性有害物質のリスクを比較できなければ、発がん性物質の禁止という措置が合理的か否か判断できないのである。

私の研究室では発がん性のリスクと非がん性のリスクを共通の尺度で評価する手法を開発した。少なくとも、この手法はどの国でも行われていない。この本の中で私は、この新しい尺度を用いて環境政策の検討を行なう。

では、どういう手法を編み出したのか?

もう一度、リスクの定義にもどろう。リスクとは、「どうしても避けたいこと」の発生確率である。ここで、「どうしても避けたいこと」を共通にすれば共通の尺度ができる。だから、われわれは、どうしても避けたいことを「人の死」と定義した。そして、死の確率、つまり「損失余命」(寿命の短縮)という単位で、発がんリスクも発がん性のない有機りん剤による中毒のリスクも水銀中毒のリスクも表現し、比較できるようにしたのである。

この「どうしても避けたいこと」を、専門用語でエンドポイント＝endpoint(影響判定点)という。これから後はこの専門用語を使うことにしよう。

自然環境保護と生態リスク

ここまでは、環境リスクは人の健康への脅威であるという前提で議論してきた。しかし、環境問題の主体はむしろ自然環境の破壊にあるだろう。自然環境の保護とリスク論とはどういう関係にあるだろうか。

自然環境の保護は、当然われわれがとりくむべき課題であるが、実はそれが非常に難しい。なぜなら、自然環境を破壊すれば明らかに利益が上がるし、ある場合には、人の命の安全性も向上するが、逆に自然環境を保全したときの利益がはっきりしないからである。利益をはっきり言えないだけでなく、その目的すらもはっきりしていない。これまで、言われてきた環境保護の目的というのは、人間はこの地球の生態系の中の一構成員だから、自然ともっと親しむべきだ、自然とのふれあいが必要だ、環境がいいと気分がいい、災害に強い、リクリエーション価値があるなどである。実は、私の研究室でも、東京湾の自然の価値をそのリクリエーション価値で評価しようとしたことがある。もし、東京湾がいまよりきれいになったら、どの程度のお金をかけて、水泳や、ヨットなどに行きたいと思うかというアンケート調査である。これで、一応の結果は出るのだが、日本人は自然なところより、人工的な設備のあるところで遊びたいという志向が強く、とてもこの種の方法で環境価値を表現できるとは考えられず、私はこの方法をあきらめることにした。

自然を愛する、自然が好きだということを出発点にして、環境価値を評価することはできないと考えた。愛する対象としての自然は、多くの人にとって本物の自然ではなく、ゴルフ場であったり、整備の行き届いた山小屋であったり、入り口まで車で行ける尾瀬ヶ原であったり、危険な動物は入れないようになってる国立公園でしかない。しかし、愛する対象としてではなくとも、われわれにはどこかに、このまま自然を破壊していいのだろうかという不安がある。それを拾い上げ、政策に反映させなければ、我々は自然環境を守れない。

では、その恐れとは何か？

それは、未来への恐れだろう。自然保護は今の課題だが、多くの人が心の内で考えていること、しかし、通常は当面の開発や何かで押し流されてしまっていること、それは未来への不安だ。それを表に出そう。それが、自然環境保護の原理に、あるいは目標になるのではないか。つまり、今環境保護を考えるのは、未来のためである。そう割り切って環境リスクを考えてみよう。最初の定義に戻れば、リスクとは「どうしても避けたいことの発生確率」であるから、「どうしても避けたいこと」がなにかを決めれば、それで生態系へのリスクを表現できるし、その回避が環境政策の目標になる。

私は、この「どうしても避けたいこと」、つまりエンドポイントとして、「生物種の絶滅」を選んだ。この回避を、自然環境保全のための政策目標にしたい。

東京大学都市工学科では、毎学期教師がテーマを掲示して輪講に参加する学生を募る。一九九四年の秋、私は以下のような掲示を出した。

輪講への誘い

テーマ：生態リスクの評価

対象：都市工学科学部生に限る

趣旨：あまり自慢にはならないが、私自身は動物や植物が好きというわけではない。まして、ペットや子供を愛玩する趣味はない。でも、やはり現在地球上で進んでいる環境破壊の嵐、それによって起きている生物種の激減には心を痛めている。それは、動植物のためではない、次に生まれてくる人間に対して申し訳ないと思うのである。だから、なんとかこの生態系を保存したいと思う。それには、生態系の価値を評価できなければならない。いや、逆に生態系への危険性を評価してもいいのである。それをなんとか形にしたいと思ってきたのだが、なかなか糸口が見つからなかった。ようやっと、ここ二、三年手応えが出てきた。それが、生態リスク評価という仕事である。いま、この問題に四つに組んで奮闘している。(三行略)

生態リスク評価は、地球をまるごと視野に入れてする仕事である。半年間、私と一緒に勉強してみませんか。

たった、一〇行ほどの呼びかけである。まあ、私の真意は伝わらないだろうなと思っていたら、三年環境コースの学生の半分以上が応募してきた。そして毎週火曜日演習が終わる五時半ごろから勉強が始まった。「私の言いたいこと伝わった?」と聞いたら、「強烈な印象を受けました。ほんとうだなと思ったんです。」と答えてくれた。三〇年近く大学の教師をしているが、いつものことながら、学生の理解力と感性に驚く。この学生たちの反応を見て、私は自分の研究の方向性に自信をもった。

意見の違いを調整するための道具としてのリスク論

どんな問題でも意見の違いはあるが、特に自然環境保護についてはその意見の違いが著しい。お互いの意見の是非を論ずることも重要であるが、もう一方で、意見の違いはあるものとして、違いがあるとき、どのように統一的な政策を出していくかの方法論を積極的に議論することも大事である。そのために、リスク論はかなり有効である。

たとえば、釧路湿原の開発問題が持ち上がったとしよう。その賛否で意見が分かれたとする。いくら議論しても対立は深まるばかりということがあるだろう。

しかし、一方で「生物種の絶滅」については、多分両方の立場の人が「どうしても避けたい」こととして認めてくれるだろう。つまり、釧路湿原については意見が分かれるが、両方とも共通の目標は持ちうる。そのとき、釧路湿原の開発計画の生態リスクを、「種の絶滅」をエンドポイントとして評価しよう。そのリスクが非常に大きければ、多分両側がとりあえず、やめようということになるに違いない。しかし、それが非常に小さいならば、開発を認める側と反対する側に分かれるだろう。意見は分かれてはいるが、それは質的な違いではない。量的な違いである。どの程度の生態リスクなら開発を認めるのか、多くの意見の違いがあっても、質が同じなら、われわれはその平均値や最頻値をとることによって当面の政策を決めることができる。さらに、釧路湿原開発の生態リスクの大きさと他の地区での開発のそれとの比較ができる。それは、その開発の是非を決めるには大いに参考になる。

つまり意見の違いの質的な違いが消えて、量的な違いにすぎなくなる。これがリスク論の一番すごいところである。

リスク手法が成功するか否かは、多くの人が一致できる目標をエンドポイントに選べるか否かで決まる。共通の目標を設定できれば、意見の違いを乗り越えるための武器になる。危険性があることを、リスクがあると表現を変えただけで、リスク論だと思っている人がいる。それは明らかに間違いである。何をエンドポイントにするか、そこから議論が始まるのがリスク論である。

統一的な尺度と個人差

では、上に述べたようなリスクを定量的に評価する方法があるのか？　また、評価方法自体人によって異なるのではないか？　行政が決めた評価法に従わなくてはならないのではないかという質問をよく受ける。

リスク論で扱う事柄は、基本的に未来予測であるから、不確実なことが多い。リスク評価手法も未成熟だから、評価手法によってまちまちの値がでることも多いだろう。本論の中でもう一度このことについて書くが、不確実であってもその利用価値は十分あるのである。そして、なによりも重要なことは、その評価のプロセスが皆に明らかにされ、そこで使われた仮定は、新たな事実によって修正できるシステムになっていることである。一挙に完全なものはできないが、徐々に改善できる、そういう構造をリスク評価手法はもっているのである。

多くの人にとって共通な目標をエンドポイントとしてリスクを評価し、それを政策のベースにしていくためには、エンドポイントの数は、できるだけ少数にしたい。少数になるほど、統一的な原理で政策を選択していける。それは合理的だが、逆から見れば、違った価値観をひとつの価値観に統合することであり、ひとつひとつの事象がもっている個性を捨てることであり、一人一人の個々の事象への思いの違いを統一してしまうことである。合理的な政策の根拠を求めることと、個人の様々な思いの違いを残すことは、原則的には相容れないように見える。しかし、実はそうではない。

私たちは、ここ五〇年ほど、民主主義を大義にして生活してきたと思う。その意味するところはいろいろあり、また評価もいろいろであろうが、結局、個人の自由を保障することがいいことだという考えで社会を変えてきたのだと思う。しかし、環境問題は、個人の選択の自由ですと言っていたのでは効果が上がらないことが多い。だからと言って、手のひらを返したように、個人の自由を無視して、環境保護という大義に従えというような「環境ファシズム」の傾向は、歴史の流れから見て、やはり認めがたい。個人の自由や嗜好の違いを保証しながら環境政策を貫徹するにはどのようにすべきかを考えなくてはならない。

そのためにも、統一的なリスク評価手法が必要なのである。もし多くの事象について個々別々の尺度でリスクを評価することしかできないとすれば、全体のリスクを減らすためには、それぞれの事象に規制を加えなくてはならない。しかし、それらを統合的に評価する手法をもち、リスクの総和を算出できるならば、そのリスクの総和を規制することによって、その中のなにを選ぶかは個人の自由に任せることができる。つまり、様々な生き方が保証される。

全体のリスクを評価する過程で、あるリスクを全体のリスクに換算するために、重みづけが行われる。その重みづけは大きな意味をもっているし、個々の事象の特徴を消す役割を持っている。この点を見落としてはいけない。しかし、この重みづけは絶対的なものではないし、必要であれば変えることもできる。

つまり、リスクの統合と言っても、単一なリスクにするのではなく、多くの方向を向いた事象のリスクの例えば x 軸への投影をたし合わせたもの、それがリスクの統合である。そして、いつでもそれは部分に分けることができ、また場合によっては投影の軸を別に選ぶこともできるのである。このようにして、個人の自由や嗜好を尊重しつつ、全体として環境リスクを減らすという目標に向いたリスク論を構築できるのである。

米国のリスク論との違い

リスク論は米国でまず放射性物質を、ついで発がん性物質を管理するために生まれた。私が展開するリスク論も米国での成果に負うところが大きい。しかし、根本的に異なるところがある。その意味で、私のリスク論は独自のものである。

米国のリスク論は、行政が率先して発展させた。だからであろうが、やはり国民に安全だということを納得させるための構造をずっと持っている。それに引き替え、私は、こんなに多くの化学物質に曝されて大丈夫かというところから、リスク論を発展させた。だから、危険性を証明するような構造になっている。

それによって何が違ってくるか？

一つは、リスク管理の原則が違ってくる。もう一つは、非がんリスクの扱い方のちがいとなって現われる。

たとえば米国では10^{-6}の発がんリスクなら、無視しうる、つまりゼロに相当するというような扱い方をすることが多い。あくまでも管理原則はリスクゼロなのであるが、10^{-6}はゼロに近いという考え方である。それに対し、私は、リスクは必ずあるもので、ある程度は許容せざるを得ないという立場に立つ。リスクを許容すると言っても無原則にではない、その見返りとしてべネフィットがあるときに認めようというのである。

リスクを許容する立場というと、聞こえが悪いかもしれない。しかし、その方が、あらゆるリスクを拾い出しうるものなのである。リスクがゼロであるべきだという立場に立てば、新しいリスクには目をつぶる方向に行ってしまうのは、逆説に聞こえるかもしれないが、現実である。

私が、この本の中で展開するリスクの管理原則は、リスク・ベネフィット原則であるが、これについても独自の考え方を展開しているので注意をして読んでいただきたい。詳しくは、第7章で述べるが、リスク・ベネフィットとコスト・ベネフィットとは違うのでこの点についても、注意していただきたい。

私は危険がないと言われる非がん性有害物質の複合影響を評価する必要を感じたので非がんリスクの手法を必死の思いで開発した。しかし未だに米国ではその種の研究がみられない。「安全」という居心地の良さに安住しているように見える。この意味で私のリスク論は、米国の研究に沢山学んでいるが、根本の考え方がちがう。

第一部　日本の公害対策を検証する

第1章　アマゾン川流域の水銀リスク

アマゾンの水銀報道

わが国の水銀問題に対する対応をふり返る前に、ブラジル連邦共和国アマゾン川流域の水銀汚染のことを考えてみる。

アマゾン川の流域には、砂金がある。その砂金は、川の底泥に含まれていることも、ジャングルの土(川の底泥の堆積土)に含まれていることもある。川で砂金をとるために、多くの採掘船(いかだのようなもの)が川に出て、ポンプで底泥を吸い上げている。そのため、かつて世界で一番透明度の高い川と言われたタパジョス川は、完全に白濁している。

ジャングルの中にも、茶色の砂をさらけ出し、水の溜った数ヘクタールの荒れ地が、点々と続く。それらも、砂金を採掘した跡である。

金は容易に水銀と結合する性質がある(その結合体をアマルガムという)ため、採掘した土砂から砂金を集めるために、水銀を混ぜる。川底から吸い上げた土砂に水銀を加え、三〜四メートルの高さの滑り台のような斜面を水で流送させると、金と水銀のアマルガムは、比重が高いので斜面に残り、土砂は軽いので流れ去る。こういう操作を何回かすれば、かなり純度の高いアマルガムが得られる。このアマルガムをバーナーで熱すると、水銀が蒸発(約三五七度で蒸発)し、金だけが残る。こうして、金は得られるのであるが、このとき金の採取のために使われた水銀は、ほとんどが大気に散逸する。金一グラムに対して、水銀約二グラムが使われるという。こうして、この二〇年間にアマゾン川流域で消費され、環境中に放出された水銀は四五〇トンとも、二〇〇〇トンとも言われている。環境中に放出された水銀は、結局水系に入り、水、底泥、魚を汚染している。すでに、魚の中の水銀値が高く、人の毛髪中の水銀含有量が高いという報告が次々とだされている。

アマゾンの水銀汚染とは、こういう問題だが、実は私がアマゾンに行く時期の前後には、日本中で多くのマスコミが「アマゾン水俣病」として、非常に刺激的な報道を行っていた。私自身も、アマゾンの水銀問題が大きな問題だからこそ、国際的な研究グループを作り調査を続けているのであるが、現地に行ってみて、かの地の水銀汚染についての日本での報道がいかにおかしなものであるかを痛感した。水銀汚染は進行しているが、現時点で水俣病患者はいない。しかし、すべてが「水俣病」として報道される。どうしてそうなるかといえば、環境問題とは「病人がでる」ものだという認識が非常に強いからである。水銀汚染が現実にあり、その側に病人や死者がいれば、何の疑問を持つことなく、それを結びつけて、しかも、意図的か非意図的かは知らないが、「水俣病」と書く。そうすれば、どんどん話が大きくなるという構造である。

水俣病の通念を卒業するために

環境問題と病人とをすぐに結びつける。もし、病人がなければずっと関心を持たなくなる。この感じは、世界のマスコミに共通のものである。しかし、日本では特にこの傾向が強く、マスコミだけでなく、国民的な特性ともなっている。それは、わが国の公害が、多くの患者、時には死者を出したことと関係がある。特に、水俣病はもっとも悲惨で、それだけに日本人の環境問題に関する意識の形成に大きな影響を与えた。

「水俣病」は、環境問題の原点だと言う人が多い。たしかに、そうだ。しかし、もし原点であれば、われわれはそこからなにかを学び、次のステップに移らねばならぬはずである。すなわち、それが原点であればあるほど、「通念」を乗り越えなくてはいけないと思う。しかし、それをせず、環境問題はまた水俣と同じ構造で発生すると考えた結果が、最近のアマゾンの報道であったと思う。

いつまでも、環境破壊＝病人、環境保護＝安全という思考の回路をもっていては、これからの環境問題に対処できないと、私は思っている。この短絡した思考を乗り越え、水俣病の「通念」を卒業することは、日本の課題である。より微妙な環境の変化に対応しなければならないし、目の前に病人が見えなくても「問題」を感ずる研ぎ澄まされた感性を持つべきではなかろうか。

水俣に学ぶことは実に多い。社会的なことは別にしても、毒物が環境に出されて、生物や人間に影響を与えていく道筋は、「水俣」以前には認識されておらず、「水俣」の犠牲の後で学んだことである。しかし、本当は水俣には、まだわれわれが知るべきいろんなことが隠されている。それが、研究されずにきた。なぜなら、研究がすぐに、誰の責任かの問題になり、補償金額に影響を与えるからである。すでに四〇年経った。なんとかその問題に決着をつけて、本当の水俣病の研究をしなければならないと思う。

水俣を卒業しろと言いつつ、研究しなければならないというのは、矛盾して聞こえるかもしれない。卒業しろと言う水俣は、表面的な水俣病の把え方である。表面に現われたこと以外に隠された沢山の見えにくい現象があるはずである。それを見つけることは、今後の環境問題に非常に重要である。環境破壊＝「病気または死」という意識が、私の言う水俣病通念である。それを、捨てた方がいい。今となっては意識から捨てた方がいいようなひどい事実があった。そして、そのためにいまだに苦しんでいる人がいる。そのことは忘れてはならない。しかし、だからと言って、これからの環境問題が水俣のように起きると考えると、環境問題の実相を見誤ってしまうであろう。

アマゾンの水銀汚染の実態

私がこれまでアマゾンの水銀汚染調査に関係した地域は、二つの支流、タパジョス川とマデイラ川の流域である(図1-1)。と言っても、訪れた場所は数カ所にしか過ぎず、全長六三〇〇キロメートルもあるアマゾン川で、しかもわれわれの関心のある地域は孤立した村であるから、全容は全くつかめない。多くの国から研究者が入っているが、それを全部あわせても、調査されている区域はほんの一部でしかない。したがって、以下もその限りでの話であって、つまり全体を代表しているとは限らないということに注意していただきたい。

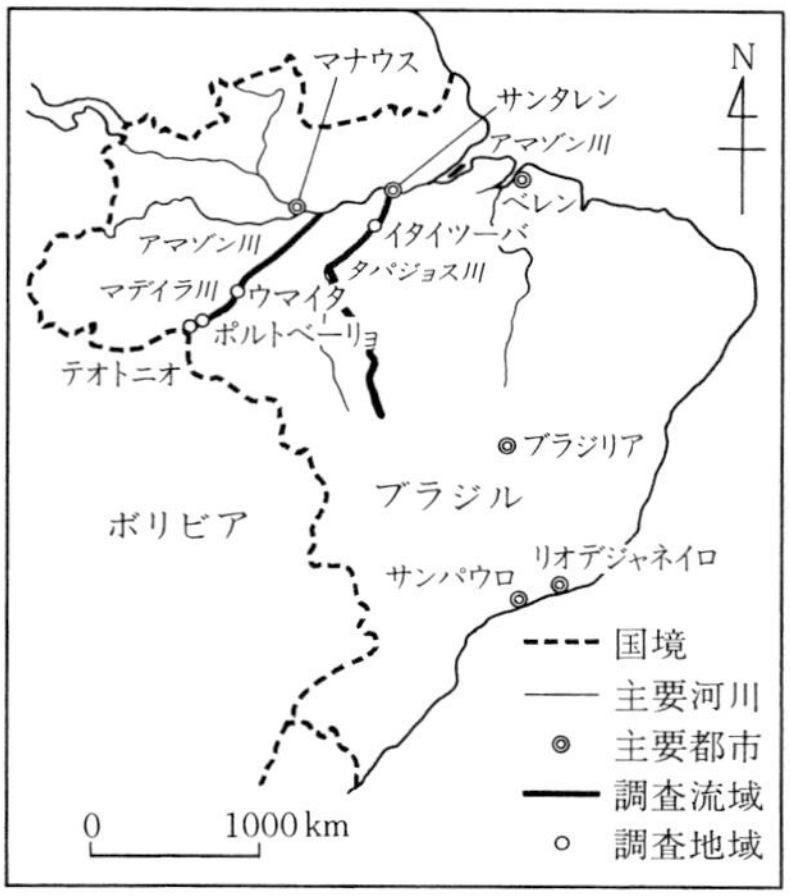

図1-1　調査区域
出典：『水情報』14巻5号，1994年.

一九九三年八月、㈶平和中島財団の助成を受けて日米伯三カ国の研究者で構成された「アマゾン川流域における水銀汚染国際協力調査団」は、マデイラ川の流域の小さな村での調査を行った。

マデイラ川は、ボリビアからブラジルに入る川で、これから述べるテオトニオという地区もボリビア国境に近い。

アマゾン川に水銀が入るルートは二つで、一つは先にも述べた金属水銀の蒸気がどこかに固着し雨などで流されてくること、もう一つは砂金捕集に使われた金属水銀やアマルガムが直接川に流出することである。前者の寄与が圧倒的に大きいと思われるが、いずれにしろ無機水銀で川に入ってくることは確実である。

にもかかわらず、魚の中の水銀はその大半がメチル水銀(有機水銀の一種)で、また魚を食べる人々の毛髪中の水銀値も高く、しかもその九割以上がメチル水銀である。つまり、水環境中で無機水銀はメチル水銀に変化し、それが魚に濃縮し、人に移行していると思われる。

テオトニオ付近の魚の中に含まれる水銀の含有量は、全水銀(無機水銀と有機水銀との和)で、その調査の際採取した三二種の試料について、最大値が三・一七 ppm、最小値は〇・二七 ppm、算術平均値は〇・七九 ppm であった(分析はリオデジャネイロ連邦大学オラフ・マーム助教授)。わが国の海域の魚の水銀含有量に関する基準値は、全水銀〇・四 ppm 以下、メチル水銀〇・三 ppm 以下であるので、平均値でこの基準値の二倍近い。分析された試料三二種の内、八四%がこの基準値を超えていた。

そういう魚を食べると、メチル水銀が体内に蓄積し、様々な影響を引き起こす。体内の蓄積量を測定することは難しいが、大変便利なことに、毛髪中の水銀値が大体体内蓄積量と比例することが分かっている。そこで、われわれは専ら、居住者の毛髪を採取し、その水銀値を分析することによって、水銀の影響を調べている。

漁村集落の毛髪中水銀値の集落毎の平均値は、これまで調べた範囲では一〇〜三〇 ppm 程度である。ブラジルでのバックグラウンド値は三〜四 ppm でわが国の現在の平均値も同程度である。それと比べると、アマゾン川流域の漁村での数値は高い。長らく金の採掘が行われていたが、魚を常時食べることのないパラ州カショエイラ地区では、六四の試料が採取されたが水銀値は四・二**ppm**と、ほぼバックグラウンド値と等しかった。

わが国で水俣病として認定された患者の中で毛髪中水銀値の最低値は五〇**ppm**であったことから、五〇**ppm**が基準値設定の目標になってきた。今では、五〇**ppm**以下であっても、水俣

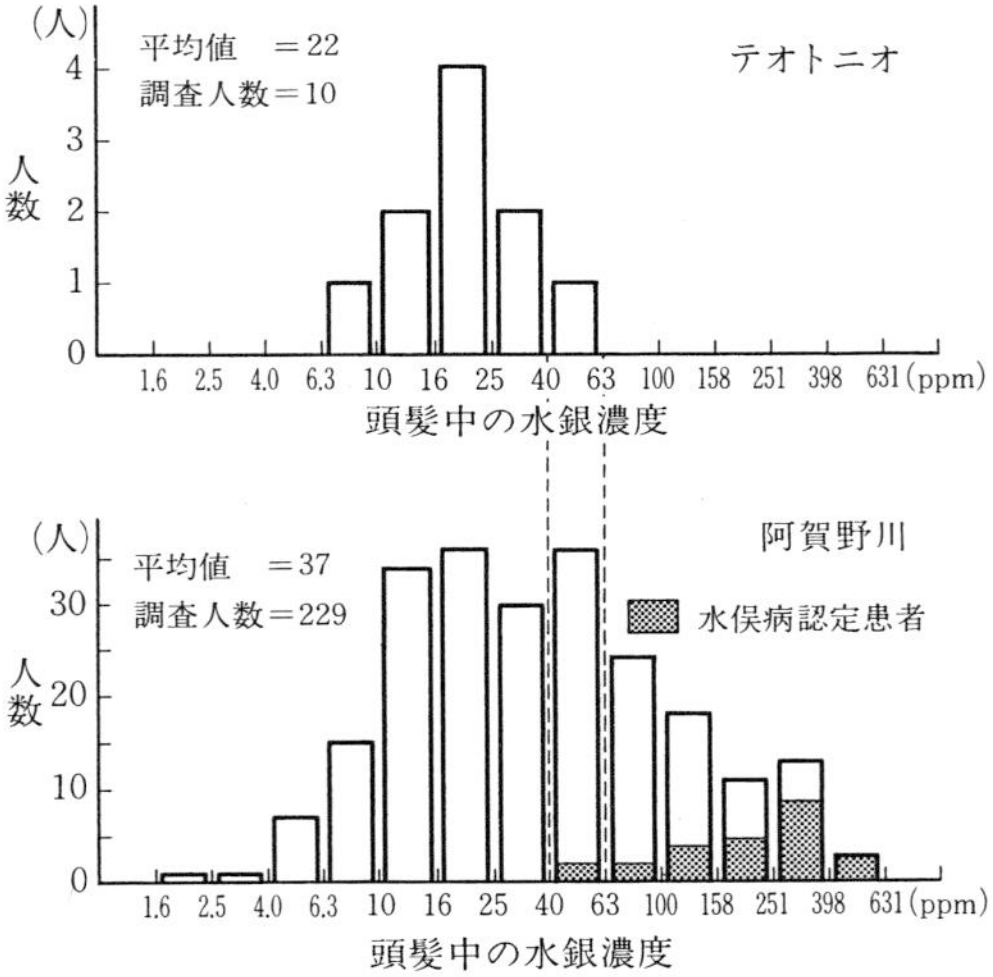

図1-2　阿賀野川とテオトニオとの比較

資料：中西準子・小沼晋・蒲生昌志「アマゾン川流域での水銀汚染のリスク評価」『水情報』14巻5号，12～17ページ，1994年：阿賀野川地区のデータはT. Tsubaki et al.,（ed.），"MINAMATA DISEASE", KODANSHA LTD and ELSEVIER SCIENTIFIC PUBLISHING COMPANY, 1977. p. 65のFig 1. 17を基に筆者らが作成.

病患者としての認定を受けている人も多いとのことであるが、ここでは典型的ないくつかの症状を示す人を水俣病患者と定義し、この五〇ppmという基準値を踏襲するものとする。アマゾン川流域の漁村集落の居住者の毛髪中水銀値は平均としては五〇ppmを超えてはいないが、中にはそれ以上の人もいる。

マデイラ川に面した漁村テオトニオでは、たった一〇人の毛髪試料しか採取できなかった。にもかかわらず、その濃度の対数をとって分布を見ると、図1-2の上に示すようにきれいに左右対称になっている。このことは、この試料が特別な偏りのない試料群であることを示している。これを基に、水銀汚染の程度を調べてみる。

テオトニオ地区一〇人の毛髪中水銀の平均値は二二・三ppmである。これは、他の集落の平均値のまた中間程度の値である。その意味で、テオトニオは今まで調べた限りでは、マデイラ川とタパジョス川の流域の漁村の代表として検討していいと判断した。

図1-2の下側は、阿賀野川流域の居住者の毛髪中水銀値の度数分布である。これもほぼ左右対称になっている。阿賀野川のグラフで、黒く塗りつぶしたのは水俣病患者として認定された人の数である。ここでは、頭髪中の水銀値が四〇ppmから六三ppmまでの範囲で初めて認定患者が現れる。毛髪中水銀値が高いからといってすべてが認定患者であるわけではないが、高くなればそれだけ認定患者の割合が高くなる。

テオトニオと阿賀野川を比べると、テオトニオでは一番高い人が、阿賀野川で認定患者が出始めるグループに属している。もし、テオトニオ地区の毛髪中水銀値の分布が、六三〇ppm程度までのびているなら、すぐにでも医者を派遣して診断する必要があったろう。しかし、現状の汚染レベルではとても診断で区別がつくような状態ではないと判断した。メチル水銀汚染が人に及んでいることははっきり言える。しかし、それを水俣病というかたちで捉えようとするには無理のある汚染レベルである。

つまりアマゾン川流域では、水俣病か否かという判断基準はあまり意味がない。しかし、汚染がある。今後の対策を考えるためにも、その程度ははっきりさせた方がいい。つまり、安全と危険の間の灰色の領域を定量化することが必要である。それによって、たとえば妊婦の集団の危険性がどの程度か知ることができる。食事の制限をどのようにすべきかも決めることができるし、発生源対策の必要度も分かる。まさに、これがリスク論的なアプローチなのである。

知覚障害のリスク

メチル水銀中毒による症状の中でもっとも広く認められるものは、知覚障害である。メチル水銀による知覚障害については、メチル水銀の摂取量と知覚障害の発生確率（知覚障害リスク）との間の関係式が、米国の学者により提出されている。毛髪中水銀値からメチル水銀摂取量の推定ができるので、毛髪中水銀値が分かれば、その集団の知覚障害発生リスク（発生確率）を計算できる。

誰が病気とは分からないが、そのグループでの発病の確率が分かるのである。これが、リスクである。

それをテオトニオ集落に適用すると、一〇〇人中四人の知覚障害発生確率があるという結論になる。知覚障害は先進国でも、バックグラウンドとして数%の発生確率があり、ブラジルなどでは多分バックグラウンドレベルはさらに高いと思われるので、この程度のリスクの大きさでは、知覚障害者について、その原因をきちんとつきとめることは難しいことが多い。むしろ、全体のリスクとして捉える方がいい。そのリスクが一人一人にどのような症状として現れるか分からないとしても、集団のリスクとしてはやはり無視できないだろう。また、魚の食べ方の指導ができれば、このリスクを現状の一〇分の一程度に下げることも可能である。また、様々な発生源対策の効果も予見できる。また、特に注意すべき集団(妊婦など)の危険性がどの程度か予測できる。ある場合には、そのグループだけ特別に検診をすることもありうるし、また、特別の健康指導をすることも可能である。

また、この地区の数値から他の地区の数値を大体推定することも可能になる。今必要な環境への対処の仕方はこういうものである。一人一人をターゲットにして、水俣病か否かの判断を迫ることが有効であるようなケースは、それほどないことに気付いてほしい。そして、集団としてのリスクという考え方で迫る方法論を身につけることが必要になっているのである。

第2章　水俣病の原因解明まで

熊本大学のすぐれた研究

水俣病が最初に発見されたのは、一九五六年である。この時点では、熊本県水俣地方に多発した〝原因不明の中枢神経疾患〟あるいは、〝奇病〟として認識された。やがて、最初の水俣病の患者の発生はそれより三年前、一九五三年であったこと、この病気の原因は㈱チッソ（当時の新日本窒素㈱）水俣工場が出した工場排水中に含まれていたメチル水銀であることなどが明らかにされていった。

水俣病の被害の大きさについては言うまでもないかもしれないが、一応ここで簡単な数字をあげておこう（環境庁『平成七年版環境白書―各論―』一九九五年）。一九九四年一二月現在で、水俣病患者として認定されている人は、死者も含めて、熊本県で一七七〇人、鹿児島県で四八七人、阿賀野川流域の新潟県で六九〇人、認定申請中で未決定の人が熊本県で一二四四人、鹿児島県が一三八人、新潟県が四人となっている。被害者の数の点でも空前絶後であるが、水俣病という病気が被害者個人個人に与えた影響の程度もまた悲惨で他に例を見ない。

水俣病の原因が分かるまでには、熊本大学の教官や周囲の医者達の献身的な原因追求のための研究が進められた。いま、研究論文のリストを見ただけでも、熊本大学の研究が大学を挙げてのものであったことが分かる。しかし、一方で、それをつぶすための様々な妨害があった。現地水俣では引き続く患者の発生と死、患者の苦しみが続き、漁民と工場との激突などの多くの物理的な衝突があったし、原因を巡る論争では化学工業界や中央の大学の学者たちによる熊本大学つぶしが行われた。その世論への影響がいかに大きかったかは、まだ学生であった私自身の経験からよく分かる。多分、当時大学生であったと思うが、東京の新聞だけ読んでいた私は、また熊本大学が「水銀が原因だ」というような無責任な説を出しているという印象をもっていた。それから、一〇年以上も経って、自分が環境問題を勉強するようになって、水俣病の原因が実は水銀だったということを知って、私はひどく驚いた。私の印象は、そのまま新聞の記事の書かれ方であり、世論であったであろうことを考えると、熊本大学の研究が誹謗、中傷の中で孤立して行われたことがよく分かる。

以下、原因追求までの、自然科学的な側面での経過を簡単に書くが、現実の経過は、生やさしいものではない。それについては、宇井純さんや原田正純さんの著書を読んでいただきたい。ここでは、あくまでも自然科学的な原因追求の問題だけに限って書く。

水俣病が伝染病でないことが確かめられると、誰もがチッソ水俣工場の排水によるなにかを考えたという、それほど工場からはひどい排水が流されていた。その無政府状態とも言える工場の中の状況は、私がはじめて水俣を訪ねた一九七三年にもうかがい知れた。工場の周囲には汚れた工場排水がとうとうと流れ、工場の裏側はぬるぬるとした廃棄物の山であった。

熊本大学医学部の水俣奇病研究班は、病気発見後数ヵ月（一九五六年）で、その原因は、ある種の重金属で、魚を介して人体に侵入したと発表している。水俣湾の底泥には、多くの重金属が高濃度で含まれていた。それらのうちから順次、マンガン、セレン、タリウムなどが疑われ、一つが原因であるという沢山の論文が熊本大学の教官から発表されるが、結局否定され、また別の物質が原因だという論文が山ほど熊本大学から出されるということが繰り返されたので、熊本大学の研究は、東京などの学者や企業の格好の攻撃材料にされていった。

水銀が原因と考えられたきっかけは、〝水俣病の症状は、有機水銀中毒の例と一致する〟という、熊本大学教授の武内忠男さん（病理学）の発表だった。患者発見から、ほぼ二年後の一九五八年である。その後、水銀が精力的に調べられ、翌一九五九年の〝原因は有機水銀〟の発表につながった（熊大研究班）。その三ヵ月後には、チッソ水俣工場の内部では、アセトアルデヒド製造工程の排水で猫に水俣病が発症することが確かめれたが、工場側からは有機水銀説に対する反論が繰り返された。会社だけではなく、多くの学者が水銀説を否定する様々な説を発表し、熊本大学研究班の説を批判した。

厚生省の食品衛生調査会は、〝水俣病の原因は湾周辺の魚介類中のある種の有機水銀化合物による〟という結論を出した（一九五九年）が、奇妙なことに、この結論を出すと同時に、この委員会は解散させられた。中央官庁の縄張り争いで、委員会が解散させられ、厚生省はこの仕事から外されてしまったこと、工場排水の調査は、通産省の意向で拒否されたことが後日明かになる。

有機水銀説を出したものの、熊本大学は工場の中の情報が全く得られないので、なぜ、どういう経路で有機水銀が出てくるかつかめなかった。当時微量の有機水銀を迅速に分析する方法がなかった。しかし、まず水俣湾産の貝から有機水銀が分離された(一九六〇年、安保闘争が終結した後である)。そして、ついにチッソ水俣工場のアセトアルデヒド製造工程のスラッジより塩化メチル水銀(有機水銀の一種)を抽出したのが一九六一年である。熊本大学が一九五九年から主張していた水銀説の正しさが証明され、しかも工場からでていたことがはっきりし、その間東京から派遣された学者の主張したことは全部でたらめであったことがあきらかになったにもかかわらず、熊本大学のその成果は、全国的にはあまり大きくは報道されることがなかった。この数年間の熊本大学の研究成果は、歴史に残る大きなものであるが、先にも書いたように、孤立した状態の中で研究が進められていたと思われる。

水俣病と熊本大学の研究結果が、再び世間の関心を集めるのは、一九六五年に阿賀野川流域でも水俣病の患者が発見されてからである。その川の六〇キロ上流には、同じアセトアルデヒド製造工程をもつ昭和電工㈱鹿瀬工場があった。

阿賀野川についても、原因論争は続くが、政府は一九六八年九月、その原因が二つの工場の排水中のメチル水銀によるものであるという統一見解を出し、水銀使用の化学工業三五社四九工場

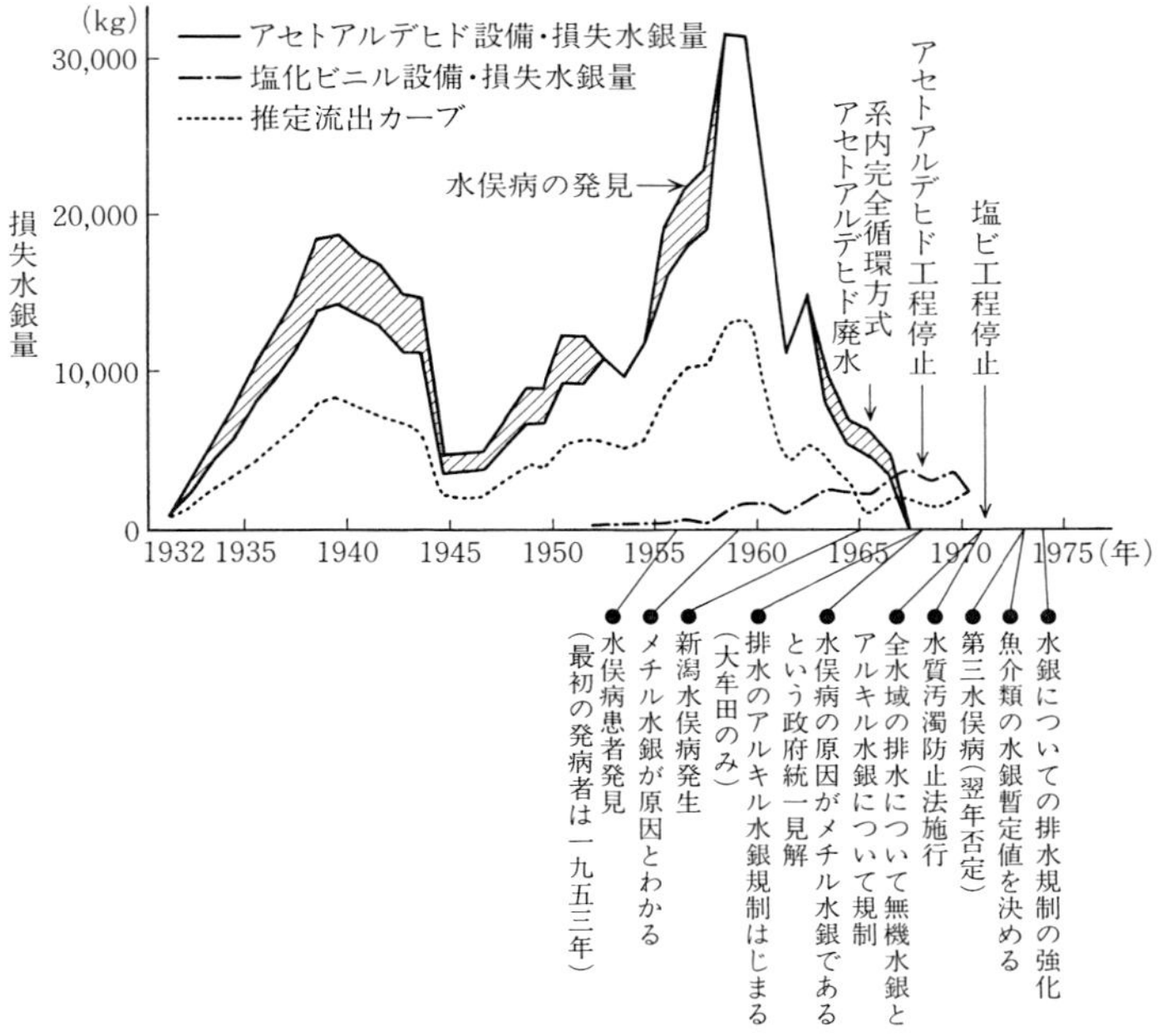

図 2-1　二つの合成設備からの損失・流出水銀推移

注：実線は，反応中に消失した水銀量．線が二本あり，斜線が施してあるのは，推定値の幅を示している．点線が，排水中に流出したと考えられる水銀量である．塩化ビニル製造工程でも水銀が触媒に使われ，やはり消失していたので，その分も書き込まれている．

資料：有馬澄雄『水俣病——20 年の研究と今日の課題』青林舎，1979 年．

に対し、〝メチル水銀による汚染予防に万全の措置を〟とるように通達を出した。

そして、この時点ではじめて水銀の規制がはじまった。実に、最初の患者の発見を見てから一二年後、チッソが工場内で〝排水が原因で水俣病が起きる〟ことを知ってから、九年経っている。その間もアセトアルデヒドの生産は続けられ、排水は出続けた。この内容については後で述べることにして、ここでは水俣病の原因究明の中で、何が明らかになったかを、少し遡ってまとめることにする。この間のチッソ水俣工場の二つの製造設備（アセトアルデヒドと塩化ビニル）からの水銀の流出推定値の経年変化と、主なできごとを図2-1に示す。

チッソ水俣工場では、アセトアルデヒド製造工程と塩化ビニル製造工程で水銀を触媒として使っていた。塩化ビニル製造工程と水俣病患者の発見とが時期的には一致していたので、当初は塩化ビニル製造工程が疑われた。しかし、アセトアルデヒド製造工程が原因であることが明らかにされた。とは言え、一九三〇年代からアセトアルデヒド製造ははじまり、この図2-1によれば、一九四〇年代には大量の水銀を環境中に排出しているが、それにもかかわらず水俣病がなかったのはなぜなのかについての理由は、いまだにわかっていない。

メチル水銀はどこで生成したか

熊本大学の研究の過程は、私たちが環境問題を考える上で知らなければならないことを、明らかにしてくれる。それは、その当時としては意外なことの連続だった。

第一は、原因が水銀だったことである。しかも、誰もが想像できないほど大量の水銀が、生産の過程で消失し、そのかなりの部分が環境中に放出されていた。有馬澄雄さんは、三六年間のアセトアルデヒド製造過程で消失した水銀量は約四五五トン（チッソ報告二〇七トン）、その内環境中に放出された水銀量は、ほぼ五〇%として約二二〇トン（チッソ報告八一・三トン）と推定している。水俣病が発見された当時、アセトアルデヒド一トン作るのに、四・九キログラムの水銀が使われ、一・一三キログラムの水銀が消失していた。その他に、塩化ビニル製造工程でも水銀が使われ、やはり環境中に流出していた。この時、工場排水の処理は全く行われていない。

第二は、反応に使われたのは無機水銀だが、病気の原因は有機水銀（メチル水銀）だったことである。それに、水俣湾の底泥に含まれていたのも無機水銀だった。しかし、貝や魚に含まれていたのは、メチル水銀だった。

つまり、どこかで無機水銀から有機水銀への転換（メチル化）がおきていた。

当初、どこでメチル化が起きるかがどうしても分からなかった。まず、多くの研究者が、魚や貝の中での変化を考えたが、否定された。次には、環境中の微生物によるメチル化が考えられた（第一章で述べたアマゾンのケースは、これに相当する）。それは、確かにあることが後で分かるが、水俣病を起こすほどの速度や大きさで、その反応が起きることは証明できなかった。そして、結局最後に工場の生産工程の中で副生されることが明らかになった。

水銀は反応の触媒として使われた。高校の教科書では触媒とは反応前も反応後も形が違わないもののように書かれているが、それが触媒作用をもつためには、少なくとも反応中には反応物の有機物と触媒の無機物はなんらかの結合をしなければならないから、アセトアルデヒド製造工程の途中では有機水銀は必ず生成している。それらの一部がもとの無機水銀に戻らぬことは考えやすいことで、有機水銀が残ることは、むしろ当然である。水銀の消失が多ければ多いほど、こういう副生物の可能性は高い。しかし、その当時は、化学の分野の人以外にはこういうことは知られていなかったし、水銀の消失が多いということも、直接化学工場の現場を経験した人以外は、知らなかったであろう。どのくらいのメチル水銀が副生したかの推定は難しいが、有馬澄雄さんの本には、アセトアルデヒド一トンあたり一〇〜三〇グラム、全生成量四・五〜一三・五トンという試算がある。これは、環境中に出た水銀量のほぼ二〜六%になる。

第三に、水中のメチル水銀は、当時の検出水準では検出されないほど低かったが、魚や貝には高濃度に蓄積されており、生物濃縮のメカニズムが明かにされた。魚の中の水銀は、その三分の二以上がメチル水銀であった。

第四は、人間の水俣病と猫の水俣病が非常に似ていたことである。そのため、猫が実験動物として使われた。

第五、人のメチル水銀蓄積量が、毛髪中の水銀量とほぼ比例したことである。そのため、メチル水銀中毒の程度を、毛髪中の水銀量で推定することができ、広範囲の調査が可能になった。

第六に、母親が水俣病を発病していなくても、子供には発病する〝胎児性水俣病〟が認められた。その後、PCB、DDT、BHCなどでも母親は、母乳を通して子供に毒物を排出すること、したがって、子を多産した母親の毒物の濃度は低く、子供も第一子は高く、第二子、第三子とだんだん低くなることが分かった。

第七に、水俣での魚の水銀汚染は、人為汚染以外のなにものでもないが、やがて自然汚染としか思えない地域の魚にもメチル水銀が一定程度蓄積していることが分かる。その代表魚はまぐろで、その中のメチル水銀量は、今でも基準値を超えていて、まぐろだけは基準値が適用されないことになっている。このことは、水銀汚染問題を非常に複雑にしている。

操業停止後にはじまった規制

先にも述べたごとく、水銀についての規制が始まったのは、水俣病の原因についての政府統一見解が出る二カ月前の一九六八年七月である。この当時は、現在の水質汚濁防止法はなく、水質二法の時代であるから、指定水域についてのみ規制が行われた。

まず第一に指定されたのは、大牟田水域の有機工業薬品製造業（一社）に対して、アルキル水銀（ここではメチル水銀と同じと考えて欲しい）で一ppb（ppbは一〇〇〇分の一ppm）という排水基準が出され、以後少しずつ指定水域が拡大されていった。

この規制の一号が水俣水域でなかったのは、規制が始まる直前の同年五月、チッソは水俣病の原因となったカーバイド法によるアルデヒド製造工程を稼働停止にしたからである。他の七社八工場の同種のプラントもこれを期に稼働停止になった。ここから、石油化学法によるアセトアルデヒドの生産が本格化した。つまり、規制は、この工程が停止されてから始まったのである。ちなみに、日本全体でのアセトアルデヒド製造方法でのカーバイド法による生産比率は、一九六四年六一%であったが、一九六八年に三%になり、一九六八年の前半で消滅した（飯島孝「わが国のアセトアルデヒド製造技術の発展」『科学史研究』一七巻四号、一九九〇年）。

さらに八月には、厚生省から〝水銀による環境汚染暫定対策要綱〟が出された。その内容は、排水中の総水銀（メチル水銀であるか無機水銀であるかを問わず、水銀の全量）が、一〇ppbを超えるときは、調査をするようにという内容であった。そして、水銀使用工場での排水調査がはじまった。これは、水質基準というものではなく、行政指導的なものであった。指定された水域の有機水銀規制はできたが、水銀一般についての規制ができなかったのは、水俣で病気を起こしたのはメチル水銀であり、無機水銀ではないという議論であった。その後、水銀の問題が出るたびに、無機水銀なら大丈夫という話が繰り返される。しかし、カナダやブラジルでは無機水銀が排出され、明らかに魚へのメチル水銀蓄積が見られる。

一九七〇年五月には、閣議了解で無機水銀不検出（二〇ppb以下を不検出とみなす）、アルキル水銀（メチル水銀はアルキル水銀の一種）不検出（一ppb以下）の環境基準値が決められた（但し、水域指定）。

これは、水銀についての水の環境基準としてはわが国ではじめて決められたものである。しかし、この時点でも排水基準値を決めることはできなかった。言うまでもなく、環境基準には法的な規制力がなく、排水基準にはそれがある。

一九七〇年一二月、新しい水質汚濁防止法の下で、他の有害物質とともに、全水域での環境基準値と排水基準値(全水銀とアルキル水銀について)が決められ、翌年六月から効力を発揮した。全水銀については、二〇ppbという規制がかけられた。これが、無機水銀についての初めての排水規制である。

その二年後の一九七三年には、日本中が水銀パニック(後で詳しく述べる)に襲われた。急きょ、厚生省は「魚介類の水銀に関する専門家会議」を招集し、実に二五日間で「魚介類の水銀の暫定的基準値」を決めた。その結果を基に各地で安全宣言が出され、一九七四年には、水銀に関する排水基準値と環境基準値が強化された。総水銀についての排水基準は五ppbとなった。

この間の、水銀規制への対応は、大きな事件が起きてはじめて規制が始まると言うパターンを繰り返す。新潟水俣病の発見と従来の製造法の取りやめがあって、はじめてアルキル水銀の規制が始まり、水銀パニックで魚介類中の水銀含有量の暫定基準値が決められ、無機水銀を魚の汚染との関連で規制することになった。

第3章　カセイソーダ製造工程と乾電池

魚というメディア

有害物の環境や人間の健康への影響を調べるとき、われわれはまず、それが環境に出て、どういう媒体《メディア》に分配されるかを考える。最初に考える媒体は、水、大気、土の三つである。大気中に出た有害物は、植物や人間に直接影響を与えながら、輸送され、最終的には雨と一緒に水系に入ってくる。水系にでた有害物は、水生生物に影響を与え、飲料水を通して人間の健康に影響を与え、さらに農業用地に入れば、農作物を通して人間の健康にも影響を及ぼす。また、水系(河川、湖沼、海)に入った有害物の多くは、魚介類に濃縮し、それが人間および他の生き物に影響を与える。

土に残留した有害物は、植物や微生物に影響を引き起こし、さらには植物に吸収され、それを食物とするときは、人間の健康にも影響を与える。

いままで禁止または使用が抑制されてきた有害物が、いったいどういう経路で問題になってきたかを簡単に見ると、以下のごとくである(純粋な大気汚染物質は除いた)。

●カドミウム	井戸水、米（主として米）「富山県でのイタイイタイ病」
シアン	魚等の急死（急性毒性）
クロム	農作物や人間の健康
ひ素	農作物や人間の健康（急性毒性）「ひ素ミルク事件」
鉛	大気を通して人間の健康「東京牛込柳町での鉛中毒」
●PCB	魚に濃縮→人間、鳥類等「カネミ油症」
●水銀	魚または米に濃縮→人間、その他の生物「水俣病」
●DDTなど禁止された農薬	生態系への影響、農作物に吸収、魚に濃縮→人間、鳥類（広域汚染）
●クロルデン（白アリ防除剤）	魚に濃縮→人間、その他
トリクロロエチレンなど	地下水汚染→飲料水

●でマークした物質の経路は、わが国で環境汚染が人間の健康に与える影響を考える上で、最も重要な経路である。つまり、これまでわが国で問題になっている環境汚染物質のかなりのものは、それが魚か米かに濃縮し、人間の体に入ることによって問題を起こしている。その代表的なものが水銀である。PCBも魚を通した機構が一番問題だが、カネミ油症は直接摂取の結果である。

一般的には、飲料水源が汚れることが最も恐れられるが、現実には水銀やDDTのように魚に濃縮する物質の場合は、同じ水質の水道水より海水の方が危険である。

しかし、このルールは、すべての国に当てはまる訳ではない。魚を食べる量が少なければ、海の汚染が人間の健康に与える影響は小さくなる。先進国で、日本ほど魚を多く食べる国はない。米国の平均魚介摂取量は、実に日本の一五分の一である。したがって、日本でこそ「海から魚」というルートは非常に重要になる。

環境汚染→人間の健康影響というルートを考えるとき、日本人にとっては、魚は最も重要な媒体《メディア》である。

では、なぜそれにもかかわらず、米国で日本より早くにDDTが禁止されたのだろうか？

DDTが米国で禁止されたのは、その人間への影響が心配されたからではない。鳥類が孵化しないなどの生態影響が見つかったためである。実は、ここに環境問題に対する根本的な違いがある。概して、欧米の国の環境問題は、生態系への影響から始まる。ところが、今でも日本で言う環境影響とは、人間の健康だけである。後で述べるように、水銀規制の厳しさ、水銀防止技術の進歩で日本は世界一である。しかし、それが目標にしていることは、「今の人間の命の保護である」。今の人間の命が大切なのは、誰でも分かる、最も初歩的な価値観である。鳥や魚や木々も大切にすることは、その先をいく価値観に支えられている。リオデジャネイロのアースサミットでの課題である「後世の地球」を守るためには、「今の人間の命の保護」を超える価値観が必要である。

一九七三年の水銀パニック

一九七三年は水銀で日本中が大騒ぎになった年である。同時に、第一次オイルショックの年でもあり、また夏に雨がなく、高温が続いたために湖などの富栄養化による被害の続出した年でもあった。環境問題にとって、まさに激動の年であった。

一九七三年のこの水銀に関する動きは、水銀パニックと言われている。パニックの背景には、この年の三月に熊本水俣病裁判で原告勝訴(六八年に訴訟)の判決が出て、「水俣病が水銀を原因とする公害病」として、ようやくすべての人に認知されたことがあり、もう一つの背景として、日本の多くの海域が水銀で汚染されていたことがある。その限りで、何かが変わらねばならぬ時期であった。しかし、事態はパニックとしか言いようのないような展開になった。パニックになったために失ってしまったことも多かったが、それによって、水銀対策が一挙に進んだことも事実である。

五月(一九七三年)に〝有明海に「第三水俣病」、天草・有明町で八人の患者〟という第三水俣病の報道で、それははじまった。原因は、日本合成化学㈱ではないかと疑われたが、やがて大牟田にも患者がいるとの報道があり、そこにより大きな水銀汚染があり、三井東圧化学㈱大牟田工業所に水銀法のカセイソーダ製造工程があったことから、一挙にカセイソーダ工場が問題になっていった。

図3-1に水銀使用量の経年変化を示す。もっとも多く消費された年は一九六四年で、二五〇〇トンである。この年が新潟水俣病の発生した年で、その後急速に減少していく。一九九一年には一〇〇トン程度になっている。当初、触媒や農薬に使われる水銀が多かったが、触媒としての水銀が使われなくなり、農薬についても種子消毒用を除き、一九七〇年までに禁止されており、一九七三年にはカセイソーダ製造用が水銀の主たる用途となっていた。カセイソーダ製造工場が二社あった、山口県徳山湾では、六月七日から漁協による海上封鎖が行われ、原料の供給が完全に停止した。そして、六月八日には、今度は徳山湾で第四水俣病か？という報道があった。その後、ほぼ二カ月間、全国で漁業者の激しい抗議行動が続いた。翌年には第三、第四水俣病も政府により否定されていったが、ソーダ工業の水銀法をやめること(製法転換)が、六月に政府の方針として提案され、一一月に確定し、それが実行に移されることになった。製法転換に伴う問題について以下述べるのであるが、その前に、ソーダ工業と水銀汚染との関係についてもう少し述べておかなければならない。

メチル水銀が直接海に出されたことで水俣病が起きたために、無機水銀が排出されても、魚の汚染や水俣病にはつながらないという考え方が、長い間支配的であった。しかし、一九六七年スウェーデンの学者が湖の底質中の微生物によって無機水銀がメチル水銀に変化することを発表しており、さらに続々と環境中での化学反応によっても、メチル化がおきることが報告されていっ

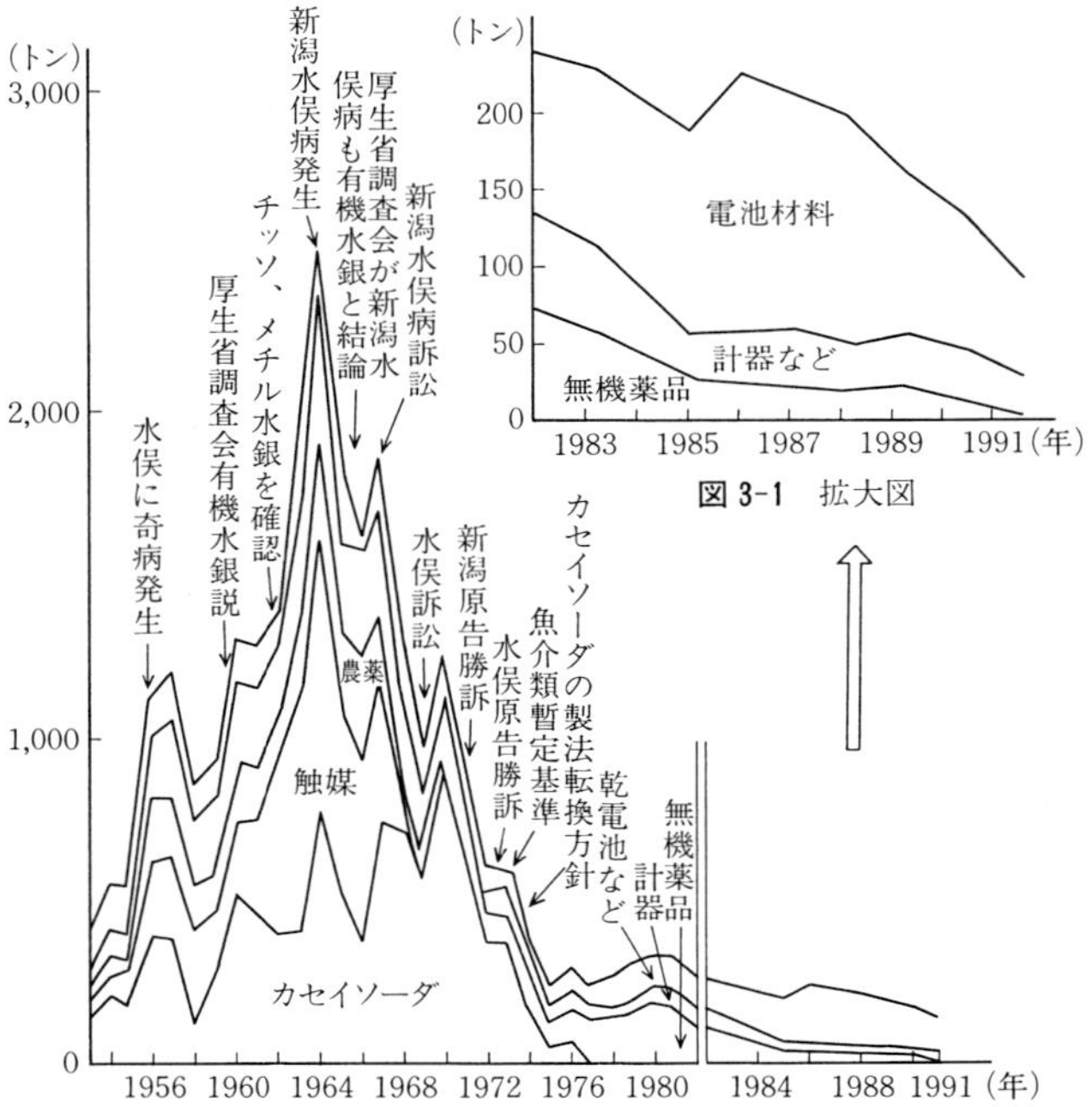

図 3-1　水銀の国内消費量の推移

注：右上拡大図では 1982 年以降の詳細を示す.

資料(1954～1982 年)：巨大ゴミの島に反対する連絡会編『ゴミ問題の焦点―フェニックス計画を撃つ』緑風出版，1990 年.

資料(1982～1991 年)：通産省大臣官房統計局資料.

たが、現実に存在するメチル水銀の量を、そういう反応の和として定量的に証明することはできなかった(実は、今でもできていない)。

それ故に、無機水銀を水俣病との関連で規制できないというのが、日本の規制当局の考え方であり、一九七〇年の水質汚濁防止法によって、排水の総水銀規制がはじまったが、その規制値は水俣病とは直接関連したものではなかった。しかし、結局このパニックで、環境中に出された無機水銀がメチル水銀に変化し、魚に濃縮され、それを食べれば量によっては水俣病になる可能性を認め、通常の食べ方で食べたとき、水俣病になることを防ぐことを目標にして、排水規制値を決めることに踏み切ったのである。一九七四年の水銀の排水基準値の強化は、その点できわめて重要な科学的な意味がある。

では、当時のカセイソーダ製造工程と水銀との関連はどうだったのか?

厚生省と環境庁によって、水銀汚染の全国調査が行われていたが、そこで九水域が特に汚染されている海域としてリストアップされた。その汚染源と目される工場の中のかなりのものがカセイソーダ工場であった。

さらに、六月二四日に出された「魚介類の水銀の暫定的基準値」(総水銀〇・四 ppm 以下かつメチル水銀〇・三 ppm 以下)を適用すれば、九水域の中で水俣湾で一六魚種中四魚種が、徳山湾では一六魚種中五魚種が平均値で、基準値を超えていた。徳山湾には、二つのカセイソーダ製造工場があり、それ以外には水銀を排出している工場は考えられなかった。

第三水俣病や第四水俣病は否定されたが、たしかに、魚の水銀汚染は存在した。カセイソーダ製造工程から、メチル水銀が排出されるとは考えにくいので、これは無機水銀のメチル水銀への変化を示していた。

塩（NaCl）を電気分解すれば、カセイソーダ（NaOH）と塩素（Cl_2）ができるが、その際電気分解するための電極に水銀が使われていた。水銀は、単なる電極であるから、消耗しないように思われていたが、現実には生産にともなって消失し、一九七〇年の全国平均でカセイソーダ一トン製造すると一五六グラム、一九七一年一四〇グラム、一九七二年で一一四グラムの水銀が消失していた。一一四グラムと一九七二年の生産量（三〇八万トン）と掛け合わせると、三五一トンになる。これは、図3-1に示した水銀消費量にほぼ対応している（これは、必ず対応しなければならないものではないが）。私が一九七三年に二社について調べたとき、水銀の消失量は、一社は二二年間の平均で、カセイソーダ一トン当り二三五グラム、六八年から七二年度末までの平均で、五〇～一〇〇グラムであり、もう一社は七〇年から七二年までの三年間で、一トン当り一一一グラムであった。

では、この消失した水銀はどこにいくのであろうか？　私の当時の調査では、排水、大気、マッド（泥のようなもの）に出ていく分が五～二〇グラムと推定された。残りの一〇〇グラム近い水銀の行方を定量的に確認した者はいないが、系内貯留と説明されていた。つまり、反応器やパイプの中に、付着して溜っているということである。

こういう状態であるから、消失水銀のすべてがすぐに、環境中に排出されたわけではない。しかし、泥(塩水マッド)の中の水銀も、装置の中の水銀も、遅れてではあるが、環境中へでていくものであったと思うし、少なくとも一九七〇年代のはじめまではそうなっていたと思う。そうでなければ、カセイソーダ工場周辺の当時の水銀汚染は説明できない。

しかし、水銀消失量は、一九七三年を境に極度に減少し始める。一九七三年には七六、一九七四年四四、一九七五年二五、一九七六年一二、一九七七年五、一九七八年四グラムとなった。これは、クローズドシステムの採用と完成によるものである。一九七二年、クローズドシステムが採用されるべきことが、通産省に答申され、一九七三年六月の「水銀等汚染対策推進会議」(一二省庁関連)では、それを七四年九月までに完成するようにと言う方針が出され、一一月の委員会では、一九七三年一二月までに完成するようにという方針に切り替わった。現実には、一九七四年三月には、クローズド化の完成が確認されている。

クローズドシステムは、和製英語だとのことであるが、排水や廃棄物を外に出さないシステムを指す。水銀の場合には、水に主眼がおかれたクローズドシステムであった。つまり、水銀に触れた水は外に出さず、生産の過程で使ってしまうシステムである。カセイソーダは水溶液で出荷されることが多く、そのために使われる水量が多いので、水のクローズドシステムが可能になる。ただし、それでもバランスがとれず水が余ってしまう場合には大気に蒸気として放出されることもあった。この場合、排水に含まれた水銀がどこにいくのか疑問に思う方もあるだろう。ほとんどが生産工程に戻され、一部は排気ガス、商品や塩水マッドの中に含まれて出ていくのである。商品の中の水銀は、活性炭やフィルターでろ過して除かれる。

日本だけが水銀法全廃

一九七二年の産業構造審議会では、製法転換は無理という考えが出されていたが、一九七三年六月の第一回「水銀等汚染対策推進会議」（一二省庁）では、一転して一九七五年九月を目処に、隔膜法への転換が提案され、第二回の会議（一一月）で、七五年九月までに三分の二転換、七七年度末までに全面転換という方針が確定された。

資金的なことについては、後で述べるが、なぜクローズドシステムが完成しつつあるにもかかわらず、水銀法を止める決心をしたかについて少し考えてみたい。

漁民の抗議、魚屋さんの抗議行動、各種の補償要求などで、現状のままではカセイソーダ製造が止まるのではないかという中で出された、政治決着という面は大きい。

当時日本ソーダ工業会で水銀対策に奔走した杉野利之さん（一九九三年、日本ソーダ工業会理事）は、何がきっかけで水銀法から転換しなければならなかったのかという私の問いに対して、以下のように答えている。

「直接的には、第三水俣病ですね。その後も第四水俣病報道などがあり、魚食民族である国民を巻き込んだパニック状態のなかで、時の環境庁長官の三木武夫さんが、その方針を出されたんです。第三・四水俣病が否定されても、結局一度出された方針は、変わらなかったです。技術者としてそのことをどんなにかくやしく思ったかわかりません。カセイソーダの水銀で病気が起きてるわけではない、有機水銀と無機水銀とは違う、それなのにどうして短兵急にやめなければならないかと繰り返して考えました。そもそも第三水俣病が疑われたのは、水俣と同じアセトアルデヒドを合成している日本合成化学だったんです、ところが同じ有明海にある三井東圧化学にカセイソーダ製造工程があるということで、カセイソーダ工場が問題になっていったんです」。

企業にとっては、理不尽以外の何ものでもないと感じられたであろうことは、想像に難くない。後知恵だが、今から考えればクローズドシステムの効果を、もう少し確認してからでもよかったのではないかとは言える。

しかし、もう一つ見落としてはならぬ問題があった。それは、クローズドシステムを採用しても、一九七四年に予定されていた排水基準(現実には総水銀五 ppb 以下となったが、当時は混乱していて〇・五 ppb 以下という基準値になると流布されていたらしい)が守れないとその当時は、判断されていたことである。クローズドシステムを採用し、いくつかの技術を補えば、この排水基準は守れたが、当時ソーダ工業会は、〝できない〟として基準を緩和するように陳情している。

一九七三年七月一一日、ソーダ工業会が、環境庁長官三木武夫さんにあてた陳情書には、〝この新基準が法令により実施された場合は、単にソーダ工業のみならず、化学工業全般が操業を中止しなければならないことになる〟と書かれている。さらに、『日本ソーダ工業百年史』(六七九ページ)には、〝ソーダ工場はクローズド化しても水銀排出はなくならない〟として、欧米の工場排水中の水銀値(一九・五ppb)の例などを示して陳情を行ったという記述がある。

新排水基準値の根拠については省略するが、この基準値はかなり根拠のはっきりしたものである。従って、これが守れないということは、その水銀法を止めろということに逆になるのである。この製法転換が、どういう意味を持つかを考えるのであるが、製法転換に追い込んだ一つの力が、これまでの汚染に対する怒りを背景にしたパニックであったとすれば、もう一つはソーダ工業界のこの種の陳情であったと思う。当時の公害問題に詳しい人に〝なぜ製法転換したのか?〟と聞くと、〝新しい基準値を守れなかった〟という答えが返ってくる。

わが国では当時カセイソーダの九五%は、水銀法で生産されていたが、一九七三年の決定がきっかけになって、水銀法は全廃された。製法転換についての各国の比較を図3-2に示す。図3-2を見ると、日本は、一九八七年には完全に水銀法がなくなり、六〇%がイオン交換膜法、四〇%が隔膜法になっている。

一九九二年三月になると、イオン交換膜法が八七%、隔膜法が一三%で、一度隔膜法に変えた企業がさらにイオン交換膜法に変えている様子がわかる。

西ドイツ、スウェーデンなどでは、一九八七年にもかなり水銀法が残っている。これは、旧い施設はそのまま使い、新設についてのみ水銀法を禁止するという方針をとっているためである。

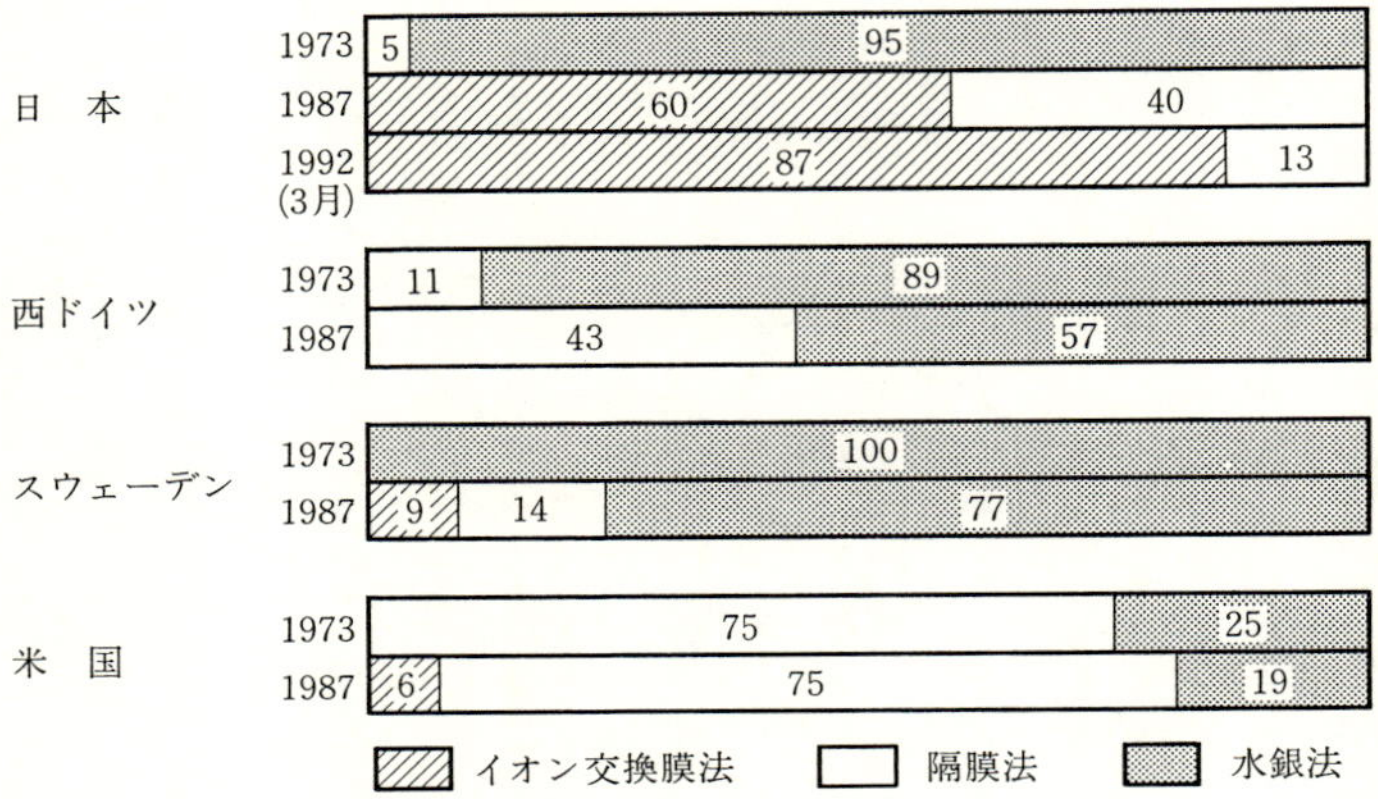

図 3-2　カセイソーダの製法転換(製法別割合)
資料：杉野利之さん提供.

米国は、一九七三年当時から隔膜法が七五%で水銀法は二五%と少なかった。米国でこのように隔膜法の比率が高いのは、隔膜法でも十分純度の高いカセイソーダを製造できる純度の高い岩塩が産出されるからである。水銀法を全廃したのは日本と台湾だけである。

資金負担はどう吸収されたか

カセイソーダの製法転換(水銀法の全廃)は、ソーダ工業界に大きな財政負担をもたらした。転換資金三三四〇億円、公害対策費八七四億円、計四二一四億円と発表されている。転換資金の内二八三七億円が、水銀法から隔膜法またはイオン交換膜法への転換資金、四六七億円が、一度転換した隔膜法から、イオン交換膜法への二度目の転換資金である。水銀法を止めると言う課題が決まった時点では、隔膜法しかかわりの方法がなかった。しかし、隔膜法ではカセイソーダの質が悪く、カセイソーダの用途の四分の一は、隔膜法のものは使えなかった。しかし、やがてイオン交換膜法が開発され、水銀法と同等の品質のカセイソーダを生産できるようになった。しかも、これは、水銀法より電力消費量が少ないという利点があった。

製法転換、しかも二度もの転換を含むそれの資金は、当時のカセイソーダの価格と生産量とを考えると、全企業のカセイソーダ（塩素と水素を含まず）の売上げの五年分位に相当する。もしこれが単独の工業であれば、つぶれてもおかしくない程のものであった。電解部門（電気分解によるカセイソーダと、塩素、水素製造部門）だけ取り出すと、全企業の経常利益の赤字は一九八六年まで続いた。しかし、電解部門の経常利益が赤字の時期も、ソーダ工業界全体では、経常利益は黒字が続き、電解部門の赤字を他の部門が補った。ソーダ部門をもつ全企業の、全売上高に占める電解部門の売上高の割合は五～六％である。そのことが、この転換を可能にした。

ソーダ工業会では、一九七八年を例にとって、製法転換の影響をシミュレートしている。製法転換がなければ、全ソーダ工業でソーダ事業の収支は二四億円の黒字が見込まれた筈であるが、実際には製法転換の負担額は、この年二七八億円にもなり、二五四億円の赤字となった。つまり、一〇年分の利益を一年で吹き飛ばすような赤字が出た。しかもこれが一〇年近く続いたのである。一〇〇年分の利益を吹き飛ばす投資だったわけである。しかし、この年もソーダ工業全体では、経常損益は一〇三五億円の黒字で、製法転換の負担は、経常利益の二〇％を消費した形になっている。しかし、もちろん、影響の度合いは企業の形態によって異なり、カセイソーダ製造専業に近い企業ほど、打撃は大きかった。

日本ソーダ工業会と、日本開発銀行が行った三つの方法によるカセイソーダ製造費用の比較計算によれば、一九七八年でペアトン(カセイソーダ一トンと塩素〇・八六トンの値段の和)当り、水銀法六・二万円、隔膜法八・四万円、イオン交換法七・四万円となっている。このコストの差は、固定費なので、時間がたてば、イオン交換膜法が最も安く、続いて水銀法となるのでないかと思われる。

転換の過程では、隔膜法と水銀法が併存したが、隔膜法は質が悪い上に、高いのであるから、転換した企業の不満は大きかった。それに対して通産省がとったのが、カセイソーダ融通制度である。つまり、転換した工場が顧客の要望で、水銀法のカセイソーダが必要な時は、未転換の工場からそれを融通する制度である。さらに、そこに価格差決済制度を取り入れた。融通制度を実施する際に、水銀法を安く、隔膜法を高く出荷するように通産省が価格を指示することによって、未転換メーカーから、転換メーカーに決済金を提供させるものであった。その決済金は、一トン当り五〇〇〇円から五五〇〇円で、現実の差には届かぬものであったが、不満の表面化を抑える効果はあったようである。

その他にも、各種の税法上の優遇措置(特別償却、固定資産税の軽減)、低利の開銀資金、さらには、資金調達のための債権保証機関も作られた。

こうして、第一次転換は、一九七六年三月に完了した（三分の二）。第二次転換は、途中で当初の方針が修正された。当時、イオン交換膜法が開発されつつあり、その品質は非常によかったために、イオン交換膜法の開発を待つかたちで転換を遅らせ、第二次転換は七九年に再開され、八六年に完成した。完全に市場経済メカニズムを無視したきわめて日本的な方法で転換は進められた。

次に、製法転換による費用を、環境影響削減のための費用として把握するとどのようになるか検討してみよう。つまり環境中に放出される水銀を一グラム削減するために使われた費用を計算してみよう。

転換のための費用を一九八九年の物価に換算し、五％の社会的割引率で一九八九年の現在価値に換えた。ここで計算の対象になっている費用は、転換のための費用だけであって、クローズドシステム維持のための費用は転換費用に比べると極めて小さいので考慮されていない。

水銀量については、クローズドシステムを採用しても、カセイソーダ一トン当り水銀が六グラムは消失し（最終的には、クローズドシステムで〇・八六グラムまで減ったという報告あり）、そのうち二割が環境中に流出すると仮定されている。つまり、水銀法をやめることによって、カセイソーダ一トン当り六グラムの水銀が消失することを防ぐことができたと仮定した。こういう仮定で計算すると、水銀一グラムの消失を防ぐために、ほぼ二六〇〇円の資金が使われたことになる。

乾電池の無水銀化

カセイソーダの水銀法がなくなった後、残った水銀の用途の中で、乾電池の水銀がかなり大きな比重を占めるようになった（図3-1の右上の拡大図を見ていただきたい）。特に、アルカリ乾電池には、一・五％（一五〇〇〇ppm）の水銀が含まれ、しかも、ゴミと一緒に捨てられ、散乱することから問題が大きくなった。

東京都の清掃工場の煙突から水銀が排出され、それが乾電池の水銀に起因していることが明らかにされ、大きな社会問題になった（排水中の水銀の基準値は厳しいが、排ガス中の水銀については、日本ではほとんどの業種で規制されておらず、清掃工場も例外ではない）。

厚生省は、一九八五年乾電池の水銀は危険性がないという「安全宣言」を出すと同時に、アルカリ乾電池は水銀を従来の六分の一まで減らすようにという勧告を出した。

マンガン乾電池の無水銀化は割合容易であったが、アルカリ乾電池の方は、無水銀は不可能と言われていた。しかし、一九九一年末近くから無水銀のアルカリ乾電池が売り出されるようになった。性能も加味すれば、日本だけの技術である。この技術と、工程管理の点で、日本は他の国の追随を許さぬ状況にある。

一九九二年末、無水銀乾電池の技術開発で日本のトップを切っている松下電池工業㈱を訪ね、専務取締役・乾電池事業部長桑崎正弘さんに、無水銀乾電池製造技術の開発の経過、ご苦労について聞いた。どうして無水銀乾電池の製造が可能になったのかの私の質問に桑崎さんは以下のように答えている。

「アルカリ乾電池については、最初は技術的に無水銀は無理だと思いました。しかし、水銀をゼロにし、なおかつ水銀を加えていたときと同じ性能を有するものができるようになりました。水銀添加の主目的は亜鉛の腐食防止です。そのために、耐食性の亜鉛合金をつくり出したことです。これは、三井金属との共同特許になっています。水銀と鉛を含まない亜鉛合金です。しかし、合金だけでは他の機能がでません、亜鉛粉末の接触を保つためのゲル化剤を開発し、安定した性能を得るために電極の間のセパレーターに高密度の不織布を使うなどの工夫で、完成したのです。しかし、もう一つ大事なことは、電池の製造工程はもちろんのこと、原材料、部品の製造工程の管理です。今までは、工程の途中で鉄のような不純物が入ったり、空気に曝されたりしても、水銀がそれらの悪影響を防いでくれた、しかし今はその水銀が入っていません。腐食に強い亜鉛合金は作ったが、それはあとから入ってくる不純物の悪影響を防げるというものではありません。ですから、工程管理が絶えず必要なんです。つまり、免疫のない体を維持するようなものです。こういう機械操作の多い工程で、鉄分をいれず、一分間に一五〇〇個も生産するラインで空気に曝される時間を均一にするためには、ともかく大変な管理が必要です」。

では、無水銀にするための費用はどのくらいだろうか？　以下、松下電池工業でのヒアリングの結果を基に、試算してみる。研究開発費の試算はもちろん難しいが、一応二四億円というのが、松下電池工業の試算である。海外を含め、松下電池工業の一二工場全部を無水銀に変えるための設備投資が六億円で、合計三〇億円となる。二〇年償還と考えると約年間三億円の支出に相当する。原料費の値上がりが年間六・七億円なので、合計すると年九・七億円、約一〇億円となる。この投資で使用をやめることのできた水銀が、年一五・四トンである。

ここでかかった開発費は、他の企業にも有効だが、一応ここでは松下の製品にだけ有効と考えると、一〇億円を、使わなくなった水銀一五・四トンで割りつけると、水銀一グラム当たり六五円となる。

他の業種についての計算では、開発のための研究費は含まれていないので、他との整合性を考えて、開発費を除くと、水銀一グラム削減の費用は四七円だったことになる。

これを見ると、乾電池の水銀を除くには技術力は必要だったが、費用はカセイソーダと比べても非常に安かったことが分かる。

無水銀のマンガン乾電池が売り出されると聞いた一九九〇年一一月、私は日本乾電池工業会を訪ね、無水銀への移行の経過について説明を受けた。それは、聞くも涙の(?)、努力と滅私奉公の物語であった。私は、その話を信用し、以下のように書いた。「競争が激しく、秘密の多い複数の企業が通産省の指導の下に、一定の期間すべての情報をもちより、共同で技術開発に取り組んだという。そして、技術的な可能性が見えた時点で、その共同研究グループは解散し、後は再びそれぞれの企業の熾烈な競争に入った」(東京新聞、一九九一年九月一六日)。

今回、私はもう一度調べて歩いた。もう少し丁寧にこのメカニズムを見たかったからである。つまり、環境のためとは言え、日本の代表的な企業だけを集めて、国が援助して技術開発をすることが、国際的に見て許されるのだろうか、自由競争を停止するような措置が本当に必要なのか、それを見極めたかったのである。そして、詳しく聞いてみると、驚いたことに「共同研究グループ」が実績を挙げた形跡がない。

私が聞き、新聞にも書き、雑誌にも書かれている物語は、行政の夢物語であるらしい。現実には、カセイソーダのときのような、業界一丸となって技術の開発をするような体制は崩れている。しかし、行政は今でも、その夢を捨てていない。それを反映して、メーカーの技術の進度に大きな差があるにもかかわらず、びほう策として、無水銀のアルカリ乾電池をすべてのメーカーが同時に売り出すということだけは行われた。そのため、たしかに水銀ゼロではあるが、性能の非常に悪いものもでてきていることは、別の大きな問題である。

カセイソーダのときは、生産工程の水銀問題であった、乾電池は商品の水銀である。ここにも環境問題の違いがある。しかし、もっと変化しているのは、日本の産業の体制である。かつて日本的な体質と言われたものは、かなり崩れつつある、それが、水銀対策によく表れている。しかし、行政、特に通産省はいまだにかつての体制で環境対策をこなそうとしている。環境問題では、企業の通産省離れが始まるのではないかと思われる。

東京大学では、乾電池を通常の不燃ゴミとして捨てることを禁止し、年二回回収し、北海道のイトムカ鉱山に送っている。イトムカはわが国最大の水銀鉱山であったが、水銀の使用が激減したために今では水銀鉱石から水銀を製造することはしておらず、廃棄物から水銀を回収している。乾電池を回収するのは、乾電池の中に水銀が含まれていたからである。乾電池一個当たり、一三円程度の費用がかかる。

しかし、無水銀乾電池が出てきたとき、これまで通り乾電池を回収するべきか、否かの議論をしなければならなかった。乾電池の回収をしていた自治体でも、これを機に回収を取りやめたところもあると聞いている。大学では、いろいろ議論した結果、「水銀ありの乾電池」と「水銀なしの乾電池」に分けてイトムカに送っている。その理由は、以下のとおりである。①廃棄物では急には無水銀にはならないので、いずれ集めなくてはならない。とすれば、費用は同じようにかかるので、廃棄物に「水銀あり」がほとんど含まれなくなるまでは続けようという消極的な根拠。②水銀以外にも鉛やカドミウムなどの有害物があるから、回収すべきであるという積極的な理由。③スチール製空き缶でも回収しているのだから、金属の塊である電池は当然回収すべき、というこれも積極的な意見。私も②③の意見には賛成だが、だからと言ってわが国には、乾電池から水銀以外の金属を効率よく回収するプラントはないので、結局集めたという以外の意味がないというのが泣き所である。

一方、乾電池工業会は熱心に、「リサイクルの方が、亜鉛鉱の原石から亜鉛を取り出すのに比べ、エネルギーが数倍かかるからリサイクルすべきでない」という主張を繰り返している。

しかし、一九九二年一月二八日東京大学環境安全センター主催で開かれた「材料のリサイクルデザイン」というシンポジウムで、工学部地球環境工学講座客員教授の山田興一さんは、以下のような計算結果を報告している。

乾電池から金属を回収する装置について、年二〇〇〇トンと年一万トンの規模を比較すると、前者では、リサイクルの方がややエネルギーが多く必要になるが、後者ではほぼ等しくなる。費用の点では二〇〇〇トン規模では、高いが、一万トン規模になるとかなり安くなる。「これまでの乾電池対策の主流は水銀対策であったが、乾電池に水銀が使われなくなった今日では状況がかなり異なる」「このプロセスで水銀対応をやめ、金属の還元法を工夫すれば、エネルギーコストは数分の一になる可能性がある」と述べている（東京大学学内広報）。

水銀がなくなって、かえって合理的なリサイクルの可能性が出てきたのである。乾電池のリサイクルのことについては、無水銀かリサイクルかという二律背反的な取り上げ方はやめた方がいいようである。矛盾のある現状は何も変わっていないのだが、この山田興一さんの報告は、「水銀なし」と「水銀あり」に分けて回収する方針の大きな支えになっている。

（注）カセイソーダ製造工程についての費用計算の数値は、『日本ソーダ工業百年史』と月刊誌『ソーダと塩素』を参照した。

第4章　過去の水銀対策の評価

一九七三年の水銀パニックを経て、わが国の水銀対策は非常に厳しいものになり、水銀はほとんど使われなくなった。それは水銀の毒性影響を減らすという点では世界に類を見ない成果だった。しかし、環境対策はある一つの毒物だけを減らせばいいというものではない。場合によっては、一つの対策のためにより大きな別の環境影響を引き起こすこともある。また、もしエネルギー資源を使いすぎることがあるとすれば、それも問題かもしれない。それを判断するためには、毒性を減らすためになにが使われ、なにが犠牲になっているかを見なければ、妥当な対策であったかどうかを判断できない。それを判断しようというのがこの章の内容である。

モデルとしての徳山湾

カセイソーダ製造工程とアルカリ乾電池で水銀の使用をやめたことを前章に書いたが、これによってどのくらい環境への危険性(リスク)を除いたのかを検討したい。もっとも、環境リスクと言っても、ここではもっぱら人間の健康へのリスク、もっと言えばメチル水銀中毒になる確率である。

一九七三年の水銀パニックの中で、もっとも問題になったのは徳山湾であった。そこでは、徳山曹達と東洋ソーダという二つの工場が、水銀法でカセイソーダを製造していた。その生産高は、二社で日本全体の一割を占めた。

表 4-1　徳山と水俣

	徳　山	水　俣
水銀汚染源	㈱徳山曹達 ㈱東洋ソーダ(東ソー)	㈱チッソ
生産工程	水銀法カセイソーダ	カーバイド法 アセトアルデヒド
水銀使用量 累計(百万トン)	1.26	13.2
水銀消費量 累計(トン)	380.8	222.7**
排水中水銀量 (トン)	6.64*	81.5***
汚染状況		
魚介類	◎(5種／18種)	◎(4種／16種)
水　質	○	◎(50%)
底　質	◎(7%)	◎(36%)

注(1)：*徳山湾に存在していた水銀量だけで，36.3トンになった(中西弘さん).
**有馬澄雄さんの推定によれば，380～450トン(第二章).
***有馬澄雄さんの推定によれば，220トン(第二章).
注(2)：汚染状況の基準値は，魚介類 0.4 ppm，水質 0.5 ppb，底質(徳山)15 ppm，(水俣)25 ppm.
○全てが基準値以下．◎一部が基準値を上回る．(　)内は，基準値以上の割合．

徳山湾の底質は水銀で汚染され、五種の魚は、汚染魚(全水銀〇・四 ppm 以上、メチル水銀〇・三 ppm 以上)ということが分かった。明らかに無機水銀を出していたにもかかわらず、メチル水銀の汚染魚が出た。このケースを調べれば、無機水銀が環境中に出された時の環境リスクが分かるに違いない。そこで、徳山湾を例として調べた。

徳山湾の水銀汚染については、山口大学工学部建設工学科教授（一九九三年当時）中西弘さんが、綿密な調査をしていた。そこで、以下の考察は、中西弘さんのレポート（ⓐ『環境科学としての海洋学』東大出版会、一九七七年 ⓑHiroshi Nakanishi and et al., Hydrobiologia, 176/177, pp. 197-211, 1989. ⓒ中西弘他「徳山湾の水銀汚染量について」『水処理技術』一四巻九号、二三〜三三ページ、一九七三年）を基にしている。表4-1は、中西弘さんの論文の中から、一部を抜き出し、やや修正し、さらに注を加えたものである。

日本全国の多くの地域で全水銀値〇・四ppmという基準値を超えた水銀汚染魚が発見されたが、海域で種の平均値が基準値を超え、汚染魚と認定されたのは、水俣海域と徳山湾だけである。水俣で四種、徳山湾で五種である。徳山湾の魚の最高値は、タナゴの二・六ppmであったが、水俣ではアサリが三五・六ppm、スズキが一六・六ppmであった。たしかに徳山湾の汚染魚の水銀値は、水俣のそれにくらべやや低いが、徳山湾の汚染もかなりのものである。中西弘さんの論文によれば、一九七一、一九七二年における魚介類二〇五検体の平均水銀濃度が〇・七四四ppm、一九七三年から一九七六年までの二六二〇検体の平均値は〇・二六八ppmであったという。

表4-1の排水中水銀量は、企業側の申告による排水中に出された水銀量である。徳山湾で六・六四トンとなっているが、中西弘さんらの推定によれば、当時徳山湾内での存在量だけで三六・三トンであった。しかも、何回かしゅんせつされているので、実際はそれ以上の量が徳山湾に流出したと思われる。二一年間の水銀消失量（生産の過程で消失した水銀）は、表4-1にあるとおり

三八〇・八トンである。この量と、排水中に出された分との差が、どこに消えたのかは分かっていない。

徳山湾で、ひとつだけどうにも分からないことがある。通常底質中の水銀は、表層で高く、深さ方向に急激に低下する。ところが、徳山湾では、表層から二メートルくらいまで、かなりの濃度で水銀が存在し、しかも深さに応じて水銀値が低下するという傾向が弱い。現地を訪ねるまでは、なんらかのしゅんせつが行われたと考えていたが、湾の広さと現地での話を総合すると、湾全域でのしゅんせつは考えにくいことが分かった。残念ながら、深さ方向に水銀値の減り方が弱い理由は分からずじまいである。

結局徳山湾では、スズキ、クロダイ、アイナメ、ウミタナゴ、メバルの五種が汚染魚とされ、一九七三年五月から一九七六年の四月まで湾内の全魚介類が漁獲禁止となり、一九七六年五月から一〇月まで全魚介類の企業による買い上げ・棄却が行われ、一一月からは汚染五種以外の非汚染魚の出荷解禁という措置がとられた。

徳山湾の面積は、六三・九平方キロメートルであるが、その約一％弱の五七ヘクタールが水銀に汚染されている（水銀値一五 ppm 以上）というので、底質対策対象区域となった。その約半分（二三ヘクタール）は埋立地となり、残りの半分（三四ヘクタール）は、しゅんせつということになった。つまり、しゅんせつ対象区では、汚染された土が約一メートルの深さまでしゅんせつされ、埋立と指定された海域に運ばれ、そこでは、より汚染された土を封印するかたちで、埋め立てられた。

余談ではあるが、埋め立てが非常に制限されている瀬戸内海では、皮肉なことにこの埋立地が異常な経済的価値を生んでしまっている。

当初、徳山地域では、六名の水俣病患者が発生したと言われた（第四水俣病）。これらは、いずれも否定された。しかし、通常の地区よりは住民が水銀で汚染されていたことは、事実である。徳山地区六一八人の調査結果が、論文（前掲中西弘さんの⑥）に掲載されているが、それによると、毛髪中水銀値が五〇 ppm を超えている人はいないが、四〇〜五〇 ppm の範囲の人が〇・三％いる。現在の日本の水銀規制は、人間の毛髪中の水銀値を五〇 ppm 以下にすることを目標にし、さらに安全率を見込む形で決められている。それは、水俣で発病し、認定された患者の毛髪中水銀値の最低値が五〇 ppm であったからである。日本人の毛髪中水銀値の平均は当時で五 ppm、現在はさらに下がって三〜四 ppm 程度になっている。

水銀法を継続した時のリスク

もし、カセイソーダの水銀法を続けていたら、それによる危険性はどのくらいあったか、それをこれから計算する。それは、水銀法をやめたことは、どの程度危険性を減らしたのかの問いに答えることと同じである。

水銀法の危険性とは、メチル水銀による影響であるから、水俣病と考えがちだが、必ずしもそうではない。すでに書いたように、一九七三年までの水銀汚染の状態で、徳山湾では、水俣病と疑われた人びとも公式には水俣病ではないと判断されたことであるし、水銀法を続けるといっても、水銀の消失量は一〇分の一位に低下しているわけであるから、水俣病が起きる確率は低い。

さらに、わが国では魚介類に安全基準があり、ここでの魚の水銀値は、水銀法を続けてもそれ以下になるので、通常の概念では、安全以外のなにものでもない。しかし、こういう状態でも一定の潜在的な危険性が残っている、それを推定しようとしているのである。

つまり、ここで計算しようとするのは、あくまでも私たちが普通に生活していて、認識されない危険性である。それだからこそ、私は、それを危険性と言わずに、リスクと呼ぶ。もう少し丁寧に言えば、集団として因果関係がはっきりするような形で、危険が認識されることはない。しかし、非常に極端な条件が重なれば、影響がでる。しかし、その原因はまず解明されず、寿命の通常のばらつきの中に隠される。そういう危険性を計算しようとしている。

なぜか？

二つの理由がある。

一つは、あるいは、公害問題の対策という面では必要でなかったかもしれないが、今後の環境対策では、どうしても必要だからである。多くの化学物質の影響を同時に受けながら、それらによる悪い影響を未然に防ぐためには、今まで安全と考えられた領域での低濃度汚染についての微妙な影響を定量的に評価する必要があるからである。ここでの主題は、新しい見方でかつての政策を点検することなので、危険性評価をするのである。

第二は、安全基準が設定されて、それ以下は安全ということになっているが、国自体が時によってそのことを規範にして政策を立てていない。国の出しているあらゆる安全基準を満足していても、時にはゼロ排出を要求する。市民の方も、安全基準が出てもそれを信用できないから、結局ゼロを求める。水銀だけが環境問題であれば、ゼロ排出の目標はいいが、そうでないときには、ゼロに近づけることの意味を評価しなければならない。そのためには、ゼロに近い状態にすることは、どの程度リスクを減らすことになるかの計算値が必要になるのである。

まず水銀が流出する海の特性を決めなくてはならない。ここでは徳山湾の特性を備えた湾とする。これを徳山湾モデルという。

一九六〇年代には、水銀法での生産ではカセイソーダ一トン生産するのに、一〇〇グラムもの水銀が消失していた(四九ページ参照)。しかし、一九七三年の水銀パニックを境に、急激に減りはじめ、最終的には一グラムを切ったとされている。スウェーデンの最近の報告でも、大気に放出される分も含めて二―三グラムとなっている。ここでは安全側の評価(危険性を過大に評価)をするために、水銀法を続けていたときの、カセイソーダ一トン当りの水銀消失量は六グラムになったと仮定して、以下の計算をする(この仮定は、五七ページのそれと同じである)。

徳山湾では、過去二一年間にわたって、平均で毎年一八・一トン水銀が消失し、その二割が環境中に放出されたと推定することはいくつかの資料から妥当である(表4-1参照)。カセイソーダ一トン当たり六グラムになったとすれば、消失量は年二・四トンに減少する。この二割が環境中へ放出するとすれば、その量は一年当り〇・四八トンになる。この状態が二〇年続いたときのリスクを計算してみよう。

計算のプロセスをおおざっぱに書こう。①まず、底質の水銀値を予測する。②徳山湾でとれる魚の水銀値の分布を予測する、③その魚を食べた場合、メチル水銀の摂取量がどの程度増えるか、それは、何人いるかを予測する、④そのことによって、メチル水銀による、知覚障害のリスクがどの程度増えるかを計算する、⑤さらに、日本全国で徳山湾と同じことが一〇カ所で起きると仮定して、日本全体のリスクを計算する。

ここで、リスクを評価するのに、いろいろな仮定をおいている。全体に安全側の評価、つまり危険性を過大に評価するかたちになっている（ここで、最も極端な仮定は、徳山湾でとれた魚しか食べないというものだろう）。危険な条件の最大値を組み合わせた形で、最後の答えは出されている。現実ではなく、あるかもしれない現実である。

表4-2に日本全体についてのリスクの計算結果を示す。この計算は、筆者と岡敏弘さん（福井県立大学経済学部助教授）、蒲生昌志さん（東京大学大学院博士課程）の共同研究の結果である（中西準子・岡敏弘・蒲生昌志「環境リスクの計算」『水情報』一三巻三号、一八―二一ページ、一九九三年）。この表の意味は、こうである。もし水銀法を続けていたら、徳山湾で一年間に知覚障害にかかる人が、一・九人増える汚染のリスクがあった。つまり、全国で、一九人の知覚障害発症リスクがあった。

表 4-2　水銀法を継続した場合の人の健康へのリスク
（水銀消失量 6 グラム/トン-カセイソーダ）（日本全体）

	漁業者など	一般の人	合計
対象者数（万人）	3	135	138
知覚障害リスク（人）	6	13	19

出典：中西準子・岡敏弘・蒲生昌志「環境リスクの計算」『水情報』13 巻 3 号，18～21 ページ，1993 年．

知覚障害というのは、水俣病の症状の中の重要なものの一つである。しかし、知覚障害だけで水俣病と認められる訳ではないので、通常の意味の水俣病とは言えない。

とはいえ、水銀法の中止によって年間一九人の知覚障害リスク（潜在数）を減少させることができた。では、これは妥当な政策だったのか？

それを考えるために、このリスク削減のための費用を計算する。

第3章（五七ページ）に書いたように、カセイソーダの製法転換では、消失する水銀一グラムを削減するために二六〇〇円かかった。水銀法をやめることは、日本全国で一年間に二四トンの水銀の消失を減らすことに相当する（一トン当り六グラムのとき）。このための費用は、六二四億円（一九八九年の物価で、なおかつ社会的割引率が考慮されている）になる。これは、一人の知覚障害発症リスクを削減するために、三二一・八億円が使われたことを示している。結論から言えば、人の健康影響を削減するためとはいえ、これはあまりにも無茶な支出だといえる。つまり、水銀法を完全にやめるという政策は正しくなかった。

その根拠は？　人の命を救うためにはできるだけのことをすべきではないのか？　という反論が聞こえてきそうな気がする。そのことは、第7章で詳しく述べることにする。

一九九三年に徳山湾を案内していただいた際、私は、中西弘さんに「水銀法全廃は必要な措置であったと思うか？」と聞いた。それに対する答えは、以下のようなものだった。

「全廃の必要性はなかったでしょう。水銀法を続けていても、汚染魚が出るというようなことはなかったでしょう。しかし、日本の企業は、イオン交換膜法という、それを超える技術を生み出したんですから、結果的には良かったといえるでしょう。

しかし、一度問題になると、水銀のように徹底的に無くさねばならなくなるということから、行政はひたすら汚染情報を隠すようになった。秘密主義は、以前より今の方がひどい。そうして、化学物質の規制では、多くの先進国の中で最も遅れた国になってしまった。それも考えると、水銀に対するあの厳しさが、本当に良かったかどうか。工場排水は、今でもまだまだ問題がありま す。魚が死ぬような事故も、ちょくちょくおきています」。

乾電池の水銀をめぐる議論

乾電池に水銀が含まれていることが、大きな問題になっていたが、製造側が無水銀乾電池を製造することに成功して問題が解決した。これもまた排水対策や排ガス対策の後始末的対策ではなく、製品転換によって環境問題を解決した例である。

乾電池問題は、今まで扱ってきた公害問題とはかなり性質が違う。何が違うかと言えば、製造工程での環境問題ではなく、商品が引き起こす環境問題であることである。その意味で「公害問題」ではなく、典型的な「環境問題」である。つまり、どちらかと言えば影響の激甚度は小さいが、影響範囲は広い。発生源も分散しがちである。環境問題というと、工場が原因と考えがちだが、現実にはそういう「公害型」は減っていて、商品が引き起こす環境問題が大きなウエイトを占めるようになってきている。ここでは、水銀に焦点をあてつつ、商品が引き起こす環境問題にはどういう特徴があるかをみていこう。

乾電池の水銀問題の発端は、「乾電池に水銀が含まれている」という『暮しの手帖』の記事(一九八三年)であったと言われている。その後都市ごみ焼却炉に乾電池が入ると、排煙中の水銀含有量が高くなることが明らかにされ(一九八四年)、一挙に社会問題化した。それと同時に、市町村での乾電池の分別回収も進んだ。これに対して、厚生省の審議機関である生活環境審議会廃棄物処理部会適性処理専門委員会は、次のようなことを根拠に安全宣言を出した(一九八五年)。

①焼却施設周辺および一般大気中の水銀濃度は、おおむね0.01$\mu g/m^3$以下であり、これはWHOの環境保健クライテリアにおける一般環境濃度のガイドライン値15$\mu g/m^3$の一五〇〇分の一以下であり十分安全である。大気中の水銀濃度の最高値は0.32$\mu g/m^3$であったが、これもガイドライン値の四七分の一であり安全である。

②埋立地からの浸出水、地下水などにも特段の問題はない。

③埋立地表土中の水銀濃度は大部分がppm以下であり、日本における一般地域土壌中の水銀

含有量と比べ、特に高くはない。

この答申は現状で環境に悪い影響を与えていないと主張してはいるが、もう一方では「アルカリ乾電池中の水銀含有量の低減化等、ごみ中の水銀含有量を低減化することを基本とする事業者における措置が、現行廃棄物処理法の主旨に照らし、また効率性の観点から、最も妥当であると考えられる」としている。

最終的にはこの最後の結論の方向に動いたのであるが、この報告が出された時点では安全宣言としての面が強調され、それまで市町村が行っていた乾電池の分別回収が取りやめになるケースも多かった。

さらに、日本乾電池工業会とその支持グループからは以下のようなキャンペーンも広げられた。

①自然循環する水銀量に比べ、乾電池の水銀は非常に少ない。

②魚に含まれている水銀量に比べ、乾電池に含まれている水銀量は少ない。

これに対して、乾電池の水銀に反対する学者や市民団体の意見は、以下のような内容であった。

①大気中の水銀濃度が高くないと言っても、人里離れたところに比較すれば都会の大気中の水銀濃度は高い。グリーンランドの氷河の水銀濃度も、一九五二年以前のそれと比較すると二倍にもなっている。これまでに日本が環境中に出した水銀量は、自然作用での排出量とは比較にならないほど多い。

②現状では埋立地から水銀が溶出していないが、やがては溶出してくる。

③ごみの中の水銀濃度は、通常の土壌中の濃度に比べ高く、この土壌がどのように動くか分からないから、結局土壌汚染につながる。
④商品にともなう危険は、製造業者の責任で解決すべきである。
⑤乾電池そのものがエネルギー効率の悪い商品で、これを使う必要がない。環境汚染問題を解決できないなら、充電型のNi-Cd電池(五〇〇回充電可能)にすべきである。

当時、乾電池工業会との論争にも参加した京都大学環境保全センター教授(環境工学)の高月紘さんは、乾電池問題は新しい環境問題であったと以下のように説明している。

「日本乾電池工業会の意見は、〝水銀はアマルガムになっているので、絶対安全だ〟というものでした。つまり、使っているとき安全というのです。しかし、私たちが問題にしたのは、捨てた後の環境への影響だったのです。それまでは、生産工程での排水や排ガスが問題でした。私たちは、ここではじめて廃棄物になったときにも環境問題があることを問題にしたのです。

乾電池は家庭から出れば一般廃棄物ですが、企業から出れば産業廃棄物です。市町村が集めた一般廃棄物は通常の管理型埋立地に処分します。しかし、同じ物を企業が集めると、溶出試験をしなければなりません。乾電池は溶出試験をすれば水銀が出ますから、通常の管理型埋立地には処分できず、遮断型埋立地でないといけないのです。

乾電池問題で頑張って、製品アセスメントをすべきという主張が社会的に認められるようになった、そのことは大きな意味があったと思います。現在は自己評価制で、その点はまだ問題ですが」。

乾電池による環境問題とは何か？

厚生省の安全宣言は現状の環境以上にひどく悪くならないことを保証しているが、反対する人の不安には答えていない。反対する側も将来への不安、地球環境全体への影響への心配を表明しているが、具体的ではない。しかし、その不安が行政を動かし、企業を動かして無水銀乾電池を生み出した。それは、水銀の環境対策という点では大きな成果である。〝水銀〟だからこそ、〝不安〟という莫たるもので大きく動いたとも言える。問題になり、削減されたリスクの種類は何で、その大きさはどの程度だったかを評価しておくことは、今後他の物質でおきるであろう環境リスクへの対処の仕方を決める上で重要である。

当時発表された論文を見ると、乾電池の水銀が引き起こす環境影響（ここでは環境を媒介にした人間の健康影響）として挙げられているのは、次の五つであった。

①焼却炉の周辺の環境に与える影響（大気汚染と土壌汚染）
②埋立地の周辺地下水に与える影響
③排煙によってばらまかれる水銀が長い間に環境を汚染させる危険性
④長期にわたる埋立地からの溶出による影響

⑤汚染土壌の移動にともなう危険性

これを見ると、商品がもつ危険性が、どういう形の環境リスクになるかという特徴が出ている。一つは、ごみの焼却炉と埋立地への危険性の集中であり、もう一つは広範にばらまかれることによる危険性である。

①の焼却施設周辺の環境問題は、ごみ行政にとっては最も頭の痛い問題である。ごみ処理から生ずるリスクは、大きな枠組みで考えれば、現代に生きる日本人がその便利さの享受の見返りとしてかかえている問題である。乾電池によるごみ問題もその典型例である。したがって、現在の人間が受けるリスク・ベネフィットとして解決すればいいのであるが、現実にはごみが一定の場所で処理されるから、そのリスクはごみ処理施設の周囲の人が一身に引き受け、ベネフィットの方は誰もが享受するかたちになる。このようにリスクを受ける人と、ベネフィットを受ける人とが乖離してしまうと、リスク・ベネフィット的な考え方の適用が難しくなる。

こういうリスクを放置すれば、ごみの焼却施設の建設ができなくなる。したがって、日本の現状では、ごく近傍にのみ集中するリスクは極力減らすような対策がとられている。排煙中の水銀ガスの捕集、高煙突による拡散、乾電池の分別などである。高月紘さんの話では、日本乾電池工業会も乾電池は焼却ごみに入れるべきでないことは認めていたとのことで、このリスクを極力減らすべきことについては議論がなかったのである。

②の埋立地の地下水の汚染も、①と同じような問題である。

現実の行政の場では、①排ガスと②地下水は最も重要な問題であるが、乾電池の水銀問題についての議論をいま読んでみると、主要な論点はむしろ③と④、つまり長期にわたる水銀汚染にあったことが分かる。また、①と②は無機水銀のリスクであり、③、④、⑤は無機水銀が環境中で変化した有機水銀（メチル水銀）によるリスクである。メチル水銀によるリスクは、無機水銀によるそれと比べ、桁違いに大きい。①のリスクについては外国でも調査した事例があり、さほど大きな値を示していないことも、①をここで無視する根拠である。そこで、ここでは①と②は考えず、主として③④⑤、つまり広域の環境問題について考える。

広域問題は以下の二つがある。

第一は、排煙や埋立地の浸出水中の水銀が海に集まり、そこで無機水銀がメチル水銀に変化し、魚に濃縮し、それを人が食べたときにおきるメチル水銀中毒のリスクである。

第二は、分散した状態で環境中に出るためにどこかで特別の問題を起こすことはないが、いつの間にか地球全体を汚染してしまうような問題である。

ここでは第一の人の健康へのリスクのみ考える。

乾電池のリスク

乾電池の焼却と埋立てによる水銀のリスクを推定し、その結果を以下述べる。ただ、ここでひとつだけお願いしたいことがある。この結果を引用したり、どこかで論ずるときは必ず、その計算の「条件」を確かめて欲しいということである。ここで計算されるのは現実の危険性ではなく、政策の是非を論ずるための危険性のポテンシャルであるリスクである。一定の約束の下に計算された、予測しうるリスクの最大値である。特定の場所での危険性を知るために、この数字を用いることはできないが、政策の是非を論ずる根拠としては大いに意味がある。同じ仮定や前提をおいて、複数の政策や技術的な可能性についてリスクを計算し、優劣を比較できるからである。また、ここで私が計算に使っている根拠や仮定を皆に使ってもらいたいと思っているわけでもない。どういう仮定を使うかは議論の余地が多いにあるし、また、今後この種の計算が行われるならば、議論して改善してほしい。私が主張したいことは、ともかくリスクの大きさを計算しなければならないし、一定の仮定をおけば計算できるということである。

本題にもどろう。リスク計算のあらすじだけ述べれば、以下のようになる。

三割の使用済み乾電池は可燃性ごみの中に、七割は不燃性ごみの中に捨てられる。可燃性ごみは全量焼却され、水銀の九〇%は大気中に排出される。このときの飛灰と不燃性ごみは埋め立てられる。埋立地の水銀は最初の一〇年間には溶出せず、一一年目から土中に存在する量の五%ずつが毎年溶出し、一〇年間溶出が続き、その後は溶出しない。

水銀の九〇%は大気に放出されるという仮定について、ちょっと注釈をつけておこう。焼却炉の温度は七〇〇度以上で、水銀の気化温度は約三五七度であるから、九〇−九八%の水銀は焼却炉の中で一度はガスになる。しかし、現在は排煙を洗浄したり、飛灰を捕集する技術が向上したために、一度ガス状になった水銀を捕集する技術が向上し、今ではその捕集率は七〇―九五％になっている。その意味では、九〇％が大気中に放出されるというこの仮定は、無茶に聞こえるかもしれないが、そのようにして捕集された飛灰や洗煙水中の水銀は、環境に流出しやすく、ここでの計算では、そのまま大気に出るのと同等の意味しか持たないので、このように仮定したのである。

一方、排煙中の水銀も埋立地から溶出した水銀もともに、一つの湾に流入する。一〇〇万人分の乾電池からの水銀がその湾に流入し、多食者三〇〇人、普通食者一三・八万人が、その湾で捕れた魚のみを食べ、残りの八六・二万人はその湾の魚を一切食べないと仮定する。これらの条件は、カセイソーダ製造工程からの水銀リスクを計算したときと同じである。その時のメチル水銀摂取量の増加分と、それによる知覚障害発症者の増加数（これがリスクである）を算出する。

五％ずつ溶出するという仮定はかなり大きめの予測である。溶出時期を一〇年としているが、現実にはもっと遅いかもしれない。

一〇年で溶出するという仮定について、先にも登場して戴いた高月紘さんに聞いたところ、「一〇年で溶出するというのはどうでしょうか？　ただ安全側の評価であるという注を入れればいいと思います。乾電池の浸積実験をしていますが、九年で出ていませんから。花嶋先生（福岡大学工学部教授）の埋立地での調査でも、水銀はまだでていません」という意見であった。溶

表 4-3　乾電池の水銀リスク（徳山湾モデル）

	多食者	普通食者	合計
メチル水銀摂取量の増加分（μg／日）	5	1	
知覚障害確率の増加	1.0×10^{-3}	4.4×10^{-6}	
対象者数（千人）	0.3	137.7	138
知覚障害リスク（人／年）	0.3	0.6	0.9

出率の違いはこの推定に大きな影響を与えるが、溶出開始時期の違いは影響を与えないので上の仮定で仕事を進めた。

このリスクの計算をするための場所として徳山湾モデル（七〇ページ）を使っている。つまり、徳山湾に一〇〇万人分の乾電池からの水銀が流入すると仮定されている。この結果は表4-3に示す。知覚障害発生リスクは年間〇・九人となる。

大阪湾などをモデルにした計算もしているが、煩雑になるのでここでは省略する。

徳山湾モデルは人口一〇〇万人分の乾電池の計算であるが、一億二〇〇〇万人が同じような生活をすると、これと同じ場所が一二〇ヵ所あることになり、そのリスクは表4-3に示した値の一二〇倍になる。

水銀による健康障害は、メチル水銀の摂取量が一定値以下では無視できるほど小さくなるので、同じ量の水銀が環境中に出される場合も、水銀が狭い場所に集中して出されればリスクは大きくなるが、分散して排出されればリスクはゼロになってしまうという性質をもっている。したがって、一億二〇〇〇万人が使用する乾電池がどのようなかたちで排出されるかが、全体のリスクに大きく効いてくる。このことが商品により引き起こされる環境リスクの評価を非常に難しくしている。

ここでは、全部分散しているという最小の場合(リスクゼロ)と、徳山モデルが一二〇カ所存在するという最大の場合とを計算し、その算術平均値(中間)を日本のリスクとしよう。そのとき知覚障害発生リスクは年五四人となる。

日本全体でマンガン乾電池とアルカリ乾電池に使われている水銀が一年当り五〇トンであった。この水銀一グラムを使わなくするために使われた費用は四七円であったので、五〇トンの水銀の使用をやめるための費用は年二四億円である。

とすれば、一人の知覚障害発生リスクを排除するために四四〇〇万円かけたことになる。

商品の環境リスク評価の研究は全く新しい分野であるので、この計算のために用いられた仮定がかならずしも適当ではないことはあろう。最終的には複数の専門家の知恵を結集して条件を明確にした方がいい。その意味でこの結果は変化しうることには注意をして戴きたい。

政策評価の考え方

以上の結果をカセイソーダ製造工程に使われていた水銀法を取りやめた場合の効果と比較してみよう。表4-4に見るように、カセイソーダ製造工程をやめるときの費用は、消失水銀一グラム当り二六〇〇円であった。乾電池では、これが四七円である。同じ水銀でも環境中に出る割合も、その効果も違うので一リスク削減のための費用は、この比率にはならない。水銀法カセイソ

表4-4　カセイソーダ製造工程と乾電池との水銀リスクの比較（日本全体）

	カセイソーダ	乾電池
水銀消費量（トン／年）	24	50
水銀排出量（トン／年）	4.8	29.4*
知覚障害リスク（人／年）	19	54
発がんリスク当量（人／年）	3.3	9.5
水銀消費量削減費用（円／水銀1グラム）	2600	47
リスク削減費用（億円／知覚障害1人）	33	0.44
リスク削減費用（億円／がん当量1人）	200	2.5

注：*内大気経由 13.6（トン／年）.

ーダの場合は、一人の知覚障害者発生のリスクを削減するための費用は三三億円であったが、乾電池の場合は四四〇〇万円である。この両者を比較すると、乾電池の水銀対策はカセイソーダ法のそれに比べ効率のいい対策であったことが分かる。

なぜ、このような比較をしなければならないのかを説明しよう。これまで私たちは、目の前に事件が起きればあわててそれに対応するというかたちで公害問題に対応してきた。水俣病を体験し、水銀の恐ろしさを知ったので、ひたすら水銀をなくすために努力してきた。しかし、それがどれだけ立派な対策であったとしても、すでに水俣病にかかった人を救うことはできない。事後対策であるからである。水俣の経験は、私たちにいかに事前の予防的な措置が大切かを教えてくれる。しかし、予防策を立てるには、事後対策でとられた科学と哲学は有効ではない。科学は、危険性予測ができなければならないし、どんな危険性でも排除するという立場をとれば、費用がかかりすぎて日常の生活ができなくなるし、また、それによって他の環境問題を引き起こしてしまうこともあるからである。

水銀が大きな公害事件を起こした。だから水銀は怖い。これは事実だが、真実の一面でしかない。多分、水銀と同じような大きさの潜在的な危険性を持った物質は他にもあったに違いないからである。同じ様なリスクをもってたとしても、それが表面化する場合もあるし、そうでない場合もある。一九五〇年代から一九六〇年代のわが国では、水俣病直前のような要素は、複数存在したに違いない。同じアセトアルデヒド製造工場のすべてで水俣病がおきているわけでないことを見てもそれは推測できる。いくつかの条件が重なったところで、事件はおきた。もし、予防的な対策となれば、同じ程度の危険性をもつ多くの物質と多くの工場に規制の網をかけることになる。それは、水銀だけの対策をとることに比べ、べらぼうな費用と資源を使うことになるだろう。だから、危険なものはすべて使うなという考え方では対処できないのである。

危険の大きさを予測し、大きなものから除くという冷静な態度が必要である。また、その対策が別の公害問題や、資源問題を引き起こさない程度に行うことが必要なのである。そのためには、一単位の危険性(リスク)を削減するために、どのくらいの人力、資源を使い、他の環境影響を引き起こすかの推定が必要なのである。

リスク削減のために使われる人力、資源とその他の環境影響の大きさを表現するために、それに用いられた費用を替えることができる(詳しくは、第7章)。一単位のリスク(ここでは一人の知覚障害発生リスク)削減のための費用を計算したのはこのためである。これで見ると、このようなリスク算出方法が認められるならば、乾電池対策の方が合理的であることが分かる。

しかし、ここではリスク評価のエンドポイントが知覚障害の発生であるから、いくつかの水銀対策の中での比較はできるが、他の環境対策との比較はできないし、この程度の費用をかけることがそもそも妥当かという判断ができない。そこで、序章(七～八ページ)で述べたように、私はエンドポイントを「人の死」におき、多くの健康影響を「損失余命」という共通の尺度で評価する方法をとっている。そのようにすれば、発がんリスクと知覚障害発生リスクを、その病状の重さを考慮して比較できるのである。いくつかの仮定をおいて計算すると、一単位の知覚障害リスクは、〇・一七五六二単位の発がんリスクに相当する(詳しくは、前掲中西・岡・蒲生「環境リスクの計算」を参照願いたい。ただひとつだけ注意して戴きたいことは、この比較の方法、考え方は中西・岡・蒲生三人のオリジナルな仕事であることである。このことは二つの意味を持つ。だからこその誇らしさと、一般に受け入れられないかもしれない権威のない仮説に過ぎないということ)。この関係を用いて、知覚障害リスクの大きさを発がんリスクならいくつに相当するかという表現をしたのが発がんリスク当量である。表4-4に示した数字の意味は、これである。べつに水銀でがんになるわけではない。表4-4の最後の行は、一発がんリスク当量の危険性を削減するために、いくらの費用をかけたかを示している。カセイソーダ製造工程の転換では、約二〇〇億円、乾電池の場合は二・五億円である。この値がいくつなら妥当かをここで述べるのはやや唐突だが、第7章で述べる内容を先取りして述べれば、大体今のわが国の環境対策として妥当なレベルは、一発がんリスク当量削減の費用が数億円以下ということになろう。それと比べると、乾電池対策はここに入るが、カセイソーダ製造法の転換は、この範囲をはるかに超えている。

カセイソーダの製造法転換は、水銀削減対策としては効果を上げたが、環境対策としては効果の少ない投資だったと言える。もし、この資金を他の環境対策に回していれば、ずっと多くのリスクを削減できたであろう。

では、どうしてこういう対策がとられたか？　社会的には、パニックになるまで対策を放置してきたからである。しかし、もう少し根本的に考えれば、危険なものは何が何でもなくすべきだという考え方が支配的だったからである。私たちは、水俣病を繰り返してはいけないが、こういう水銀対策も繰り返してはいけないのである。少なくとも、こういう姿勢では、リスクの未然防止はできない。次章からは、今後どのようにすべきかを述べていく。

最後にひとつだけ、付け加えておきたいことがある。それは、確かに水銀対策はやや厳しすぎたが、新しいイオン交換膜法というのを生み出したのはすばらしいという評価についてである。この本の中ではふれていないが、『水の環境戦略』の中では、私は環境対策技術には、**end-of-pipe technology** と **in-process technology** があるが、前者は適切な技術とは言えないと書いた。前者はある生産工程を前提にして廃棄物をどう処理するかという対応、つまり排ガス処理、廃水処理、廃棄物処理であるが、後者は、廃棄物や有害物の発生量を少なくするために、原料や生産工程、製品を変えてしまう方法である。前者はある有害物対策の為に、多くの資源を使うことが多く、後者は、資源の消費量が少ない時には、資源の節約になることも多い。私は、環境対策は

in-process technology であるべきだと主張している。その基準で判断すると、カセイソーダ製造法の転換も、無水銀乾電池の生産も、in-process technology である。長い目で見れば、イオン交換膜法の実現がいいというのは、やはりその対応が in-process technology であったためである。その点は良かった。しかし、それと当面とるべき環境対策は何かという議論とは必ずしも一致しないのである。多分、製造法転換を奨励しつつ、ややゆっくりと製造法の転換をするのがもっとも望ましい解だったのであろう。ただ、当時はまさにパニックの中にあり、なかなかそこまで考えが及ばず、私自身もカセイソーダ製造法の転換に疑問を抱かなかった。

第二部　リスクと向かい合っていくために

I　リスク論とは何か

第5章　不確かさを組みこむ

リスク評価の不確かさ

環境影響をリスクというかたちで表現することは、放射性物質と発がん性物質の人の健康への影響評価からはじまったことは、すでに序章でのべた。ここでは、まず発がん性物質のリスク評価の方法、手順から説明したい。

発がん性物質のリスク・アセスメントは、次に示す三つのステップを経て行われる。

①人の職業曝露などの事例、または動物実験で、曝露量（経口、経皮、吸入などの経路により体内に入る化学物質の総量）と発がん率との関係を求める。この関係を用量—反応関係と言う。動物実験が可能な範囲は、発がん率が10^{-1}（一〇分の一）程度の高曝露での実験である。

②①の結果を基に、低曝露量での曝露量と発がん率との関係を推定する。実験で求めることはできないので、いくつもの仮定式を立てて推定する。この推定式を、高曝露量での結果から、低曝露量での結果を外挿するためのモデルという。

③ある化学物質を使ったときの曝露量、その影響を受ける人の数を推定、または実測し、②で

求めた結果を使い、個人の受けるリスクの大きさ（発がん率）、集団としてのリスクの大きさ（がんにかかる人の数）を求める。個人のリスクは、その化学物質の曝露が一生続いたときの一生の間での発がん率で表現する。例えば、発がんリスク10^{-6}とは、一生の間に一〇〇万人中一人ががんになるようなリスク、10^{-5}とは、一〇万人中一人ががんになるリスクである。集団リスクとは、個人のリスクに影響を受ける人の数を掛け合わせた数値である。

この結果を受けて、どういう対策をとるかを決めるのがリスク・マネージメントである。

①から③までのリスク・アセスメントのプロセスは、ここに書くと一〇行ほどで、いかにもすぐに答えが出そうだが、実際はそれほど簡単ではない。②のステップは、外挿のためのモデルを使うのだが、どのモデルを使うかによって③の結果は一〇〇〇倍も違うことがある。

高曝露量での実験から低曝露量だったらどうなるかを推定する部分が、科学的な評価で言えばリスク評価の最も弱い部分である。しかし、理念的に言えば最も大事な部分である。

図5-1は、横軸がDDTの投与量（曝露量）、縦軸が発がんリスクである。これは、一つの実験結果から出発しても外挿に用いるモデルによって、いかに違う直線が引けるかを表している。ここでは、発がんリスクが10^{-2}からがグラフに示されているが、実験で求めた10^{-1}付近ではこの六つの直線は一致しているのである。この直線と10^{-6}の横線との交点の横軸の値が、10^{-6}のリスクに相当するDDTの濃度になる。10^{-6}の発がんリスク以下に抑制することを目標に基準値を作るとしたとき、ワンヒットモデルを使えば、〇・二五ppbになるが、対数正規分布を使え

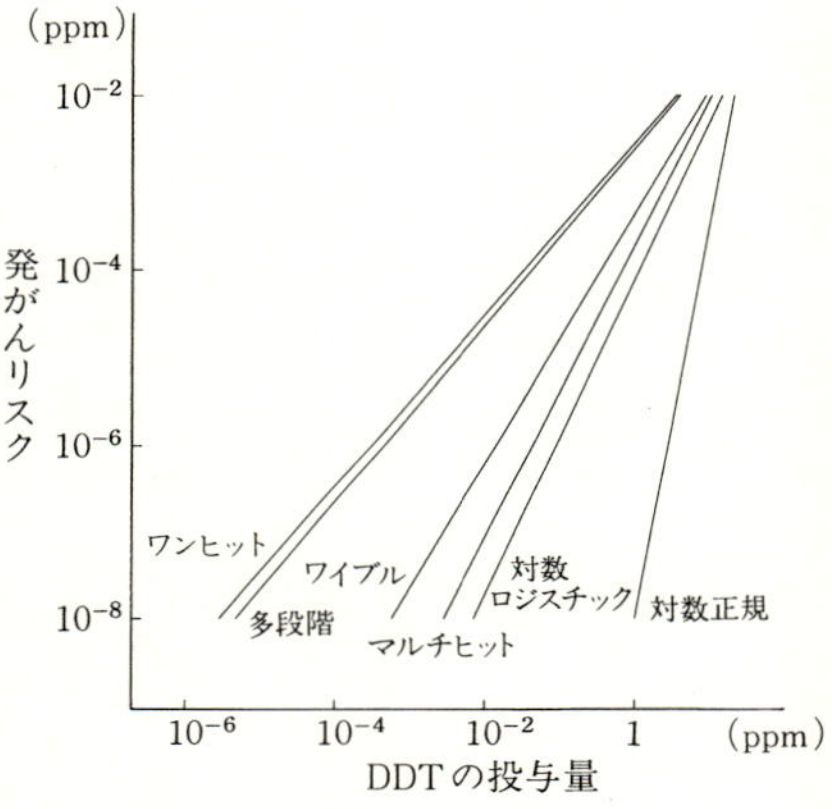

図5-1　食物中のDDT含有率と発がんリスク
出典：ACS Symposium Series 239. J. V. Rodrichs and R. G. Tardiff, "Assessment and Management of Chemical Risks".

ば六八〇ppbになってしまう。いろいろ議論はあるが、どれが決定的にいいモデルとは言えないのである。それにもかかわらず、米国の規制当局（EPA（環境保護庁）、FDA（食品医薬局）、OSHA（労働安全健康局）など）は最も厳しい値が出るワンヒットモデルをやや修正した線型多段階モデルを使ってきた。〇・二五ppbで規制されるのと、六八〇ppbで規制されるのでは企業にとっては大違いであるから、このモデルに対しては企業側からの反発や反論は山ほど出されている。EPAなどは企業などからの反論に対し、何回にもわたって米国の官報（Federal Register）で再反論を展開している。

私もこの米国の規制当局が出したモデルをつかっている。ここでは、このモデルの妥当性の議論はしないが、私が強調したいことは、私がこの後ずっと使うであろうリスクの数値の不確かさである。やや自虐的に言えば、いい加減さである。このいい加減さを知らずに、リスク論をふり回してはいけない。

言って見れば、今の科学を総動員しても、これ以上正確にはできない。10^{-6}の発がん率があるからと計算しても、現実にはその百分の一かもしれない。但し、その一〇〇倍大きいということはない。米国規制当局は、危険をできるだけ大きく評価し、最も安全を保証するモデルを採用しているからである。

このようなモデル（仮定）を使って出てきた値だから、リスク・マネージメントは意味がないという人は多い。米国の市民運動団体もその主張を繰り返している。また、所詮基準値はどうでもいいと言う人もいる。水道水中の総トリハロメタンは一〇〇ppbとなっていたが、私が10^{-5}の発がん率なら二五ppbであるべきだと主張したことがある（クロロホルムの発がん性実験が再度行われ、クロロホルムの発がん性は従来考えられていたよりも弱いということになったので、今では二五ppbであるべきという主張はとおらないが）。それに対して、どうせ仮定が多いから、四倍の違いはどうでもいいではないかという反論がかえってきた。基準値を必ずしも10^{-5}のリスクに相当する値にしなければならないわけではないから、総トリハロメタンの基準値を一〇〇ppbにすることはありうるのである。しかし、その場合も10^{-5}のリスクに相当するとして、一〇〇ppbが提示されることは許されない。どういう仮定が用いられようと、その数値がどのリスクの大きさに相当するかを明らかにすることはリスク・マネージメントの観点からは必須である。

外挿のためのモデル（仮定）が変われば、たしかに計算で求められるリスクの値は変化するが、複数の化学物質のリスクの相対的な大小関係は、ほぼ一定である。同じ仮定で計算されているからである。このことは、リスク評価をする上で非常に重要なことである。ひとつは、規制の公平性の点で重要である。もう一つ、多くの化学物質によるリスクの総和を低く抑えるために欠くことができないのである。

不確かさを超越する使い方

リスクの総和を低くするという意味を、もう少し詳しく説明しよう。われわれがある化学物質のリスクを知ったとき、どのように活用できるか考えてみたい。少しややこしいので、この節をとばして次の節に進んでいただいてもいい。

一番考えやすいのが一定のリスク以下にするように化学物質を管理することである。この場合、その一定のレベルが何であればいいかを決めることは現実には難しい。したがって、リスクをより少なくするように商品開発をしたり、生産工程を変化させたりするという使い方が、現実的である。前者では、リスクの値そのものが正確でなければ困るが、後者ではリスクの相対値が分かればいい。

例を挙げてみよう。

Aという化学物質が五 ppm 含まれる a 水源とBという化学物質が二〇 ppm 含まれた b 水源

とがあったとする。そしてAの危険性はBのそれの一〇倍であるとする。この時以下の三つのケースのように水質基準値を決めたとする。

ケース(1)：モデル(1)で計算したところ、10^{-6}の発がんリスクに相当するAの水道水中の濃度は一ppmで、Bのそれは一〇ppmであるという結果になった。これを水質基準とした（そっと言わねばならないが、実は、これが真のリスクだとする）。

ケース(2)：モデル(2)を使うと10^{-6}のリスクに相当するAの濃度は一〇ppmとなった。このとき同じリスクに相当するBの濃度は一〇〇ppmとなる（必ず比例するわけではないが、大方この比例関係は成り立つ）。この場合の真のリスクは、10^{-5}つまり、10^{-6}の一〇倍だが、われわれはモデル(2)を使っているから、これを10^{-6}だと思い込んでいる。

ケース(3)：モデル(1)とモデル(2)の中間ならいいということで、A、Bとも一〇ppmという基準値を決めたが、その根拠となるリスクの値は公表しなかった。

ケース(1)の基準値を採用すると、両方の水源で基準値に合格するような処置を施さねばならない。a水源ならAは五ppmから一ppmに、b水源ならBは二〇ppmから一〇ppmに減少させなければならない。この場合は多分bの方が費用が安いからbを選ぶことになるだろう。ケース(2)の基準値なら、両方とも水質基準に合格だが、片方は基準値の二分の一で、もう一方が一〇分の一であるから、他の条件が変わらなければbの方を選ぶ。次に、ケース(3)では、Bは基準値を超えるが、Aは基準値以内だから、aを水源に選ぶ。このとき、Aのリスクは5×10^{-6}だが、

Bのそれは2×10^{-6}である。つまり、ケース(1)でも、ケース(2)でもリスクの小さいbを選ぶが、ケース(3)ではリスクの大きいaを選んでしまうのである。値そのものは一〇倍違っても、その相対的な大きさが正しければ、正しい選択ができる。しかし、相対的な関係が崩れた基準値が恣意的に決められ、そのリスクの値が知らされなければ、よりリスクの大きい方を選んでしまうのである。相対的な値を知ればすむようなケースが、リスク管理の九〇%を占めていると言っていい。その意味でモデルの不確かさは、それほど大きな問題にならないとも言えるし、その限界を知った使い方をしていくのが望ましいとも言える。

しかし、所詮それも誤差の内ではないかという反論が出るだろう。ケース(1)では、リスクは10^{-6}だが、ケース(2)では10^{-5}で、一〇倍も危険度が違う。それを思えば、ケース(3)でリスクの多いaを採用したとしても5×10^{-6}であり、その違いはケース(1)とケース(2)との中間で、モデルの誤差の範囲内ではないかとの反論である。これは、当然の反論である。しかし、実は基準値を10^{-6}におくか、10^{-5}におくかということは、あらかじめ決まっているものではない。できるだけ低いリスクを基準にしようとしているが、財力がなければできない。つまり、大雑把にいえば全体としてのリスクのレベルは、環境管理に振り向けることのできるその国の財力で決まる。ケース(2)では、一〇倍高いリスクが認められるように思えるが、その時も、社会全体がモデル(2)を使うなら、結局その社会のリスク制御目標値が上がるのである。

モデル(1)の場合も、モデル(2)の場合も見かけ上のリスク制御目標値は10^{-6}である。しかし、やがて、リスク制御目標値は、モデル(2)を採用している社会では、一桁上の10^{-7}になるように動くと言っているのである。それだけの財があるからである。

もちろん、リスクの値そのものが全く問題にならないわけではない。後に述べるが、発がんリスクと非がん性リスクを比較したり、他のリスクを比較するとき値そのものが必要になる。しかし、まず最初には、物質相互の関係が一定の精度で記述できることが大事で、それにはモデルの違いはあまり利いてこない。少なくとも利いてこないような使い方が沢山あることを強調しておきたい。

米国での発がんリスク制御の例

リスク制御原則などについての概念を述べる前に、米国での制御の例を集大成した報告があるので、それを紹介してこう。残念ながらわが国にはこういう調査もないし、そもそも規制がどういう根拠で行われるのかも不明である。

図5-2の縦軸は個人が受けるがん死亡リスク（RL）の対数値である。がん死亡リスクとは、がんによる一生涯での死亡率である。横軸はそのリスクの影響を受ける人口（P）の対数値である。米国の人口は二・五億人だから、対数で表すと八・四位になる。黒く塗りつぶされた四角は、規制されたまたは規制のため調査中の事象、白の三角は規制されていない事象である。規制されてい

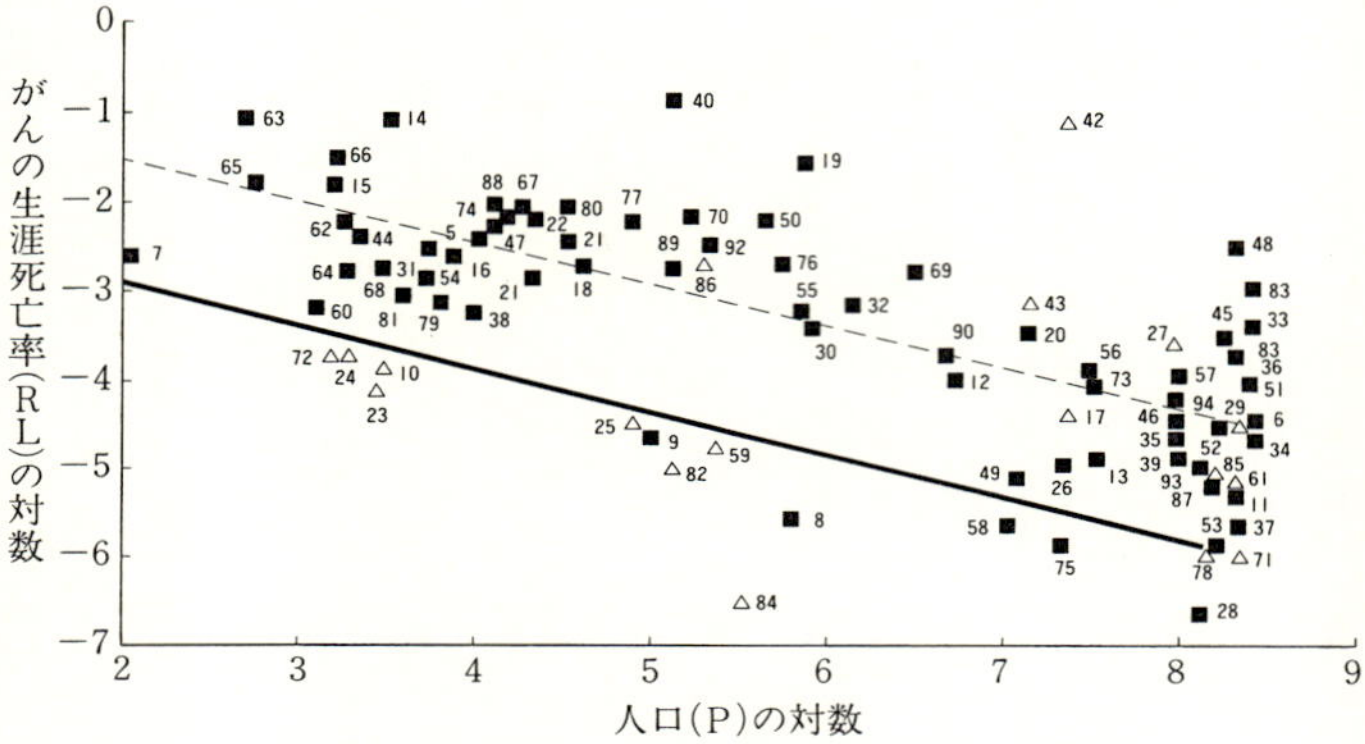

図 5-2　米国における発がんリスク制御対策

注：■は規制された，または規制が検討されている事象．△は未規制の事象．

出典：Paul Milvy, "De Minimis Risk and the Integration of Actual and Perceived Risks from Chemical Carcinogens", in Chris Whipple(ed.), "De Minimis Risk", Plenum Press, New York, 1987.

るがん死亡リスクの回帰直線が点線で、規制と未規制との境い目の回帰直線が下の方の太い直線である。

この図から読み取れることをまとめてみよう。

①リスクの影響を受ける人が一〇〇〇人程度(横軸で3)の場合は、RLが10^{-3}(縦軸で-3)から10^{-4}(縦軸で-4)の間が規制されるか否かの境目になる。60番はリンデン(BHC)農薬の散布者、65番はリンデン製造工場の労働者、44番はコークス工場の労働者、14、15番は銅精錬所でのひ素曝露の例だが、いずれも規制されている。72番はスチレン製造工場の労働者のベンゼン曝露で未

規制である。このあたりはほとんどが職業曝露である。

②リスクの影響を受ける人が一〇万人（横軸で5）の場合には、RLの規制未規制の境目が10^{-4}（縦軸の-4）と10^{-5}（縦軸の-5）の間になる。ここでリスクが高いにもかかわらず規制されていない86番は、ドライクリーニングで働いている人である。ここも職業曝露。

③影響を受ける人の数が、一〇〇〇万人（横軸で7）になると、RLの境目は10^{-5}程度になる。20番の学校での生徒と先生のアスベスト汚染、49番のジクロロエチレン（地下水汚染などか？）は規制されている。未規制の43番はコークス炉による環境汚染である。ここで図抜けて高いリスクは、42番の喫煙者（男）であるが、未規制。

④人口が一億を超える（横軸で8以上）場合は、環境汚染と食品汚染が原因になる。27番は都市大気中ベンゼン、83番は住宅でのラドン、29番はこれも大気中ベンゼンの全米の平均、61番が食品中のリンデン、85番が都市大気中のテトラクロロエチレンで、いずれも規制されていない。

⑤図に示された二本の直線は、いずれも人口に対し右下がりの直線となっている。規制されるリスクは人口の平方根に逆比例している。規制と未規制の境目を示す太い直線は、

$$RL=0.015/\sqrt{P}$$

の関係になっている。

リスク制御のルールを考えるとき、われわれは個人リスクと集団リスクとを区別しなければならない。個人のリスクは小さくても多くの人が影響を受ければ、やはりなんらかの対策が必要になる。集団リスクは、PとRLの積である。RLがPに逆比例しているなら制御原則は集団リスクを一定値以下に抑えることであると言えるが、現実には$\sqrt{P}$に逆比例しているのであるから、集団リスクを大きな目安にしながらも個人のリスクが高い場合は優先してリスク削減策をとっていることを示している。

⑥太線を表す式にPとして、二・五億人を代入すると、全人口を対象にした場合のリスク制御の境い目が分かる。それは10^{-6}である。つまり水道水などの場合の規制値はこの値を目標にしている。

以上の米国の政策は、あらかじめ決められたものではなかったとのことである。多くの省庁が、市民団体、労働組合、企業との交渉や裁判の判決の結果、個別にとられた対策をまとめてみると、この図のようになったのだという。

損失余命

序章で、発がんリスクと非がん性有害物のリスクとを比較するために統一的な尺度が必要であること、そのために「損失余命」を共通の尺度して使っていることを述べた。ここで、もう少し詳しくこのことに触れておきたい。

発がんリスクは、「発がん」をエンドポイントとするリスク（発生確率）である。第4章で述べたメチル水銀による知覚障害リスクは、「知覚障害」をエンドポイントとするリスクである。しかし、これだけでは発がんリスクが一である場合と、知覚障害リスクが一である場合に、どのように資金や資源を分配して対策を立てるべきかがわからない。しかし、もしそれらのリスクの重み（深刻度）が分かれば、それに応じて資源を分配できる。

どのようにして、その深刻度を評価するか？

それに対して、われわれはその病気にかかったときの「寿命の短縮」を尺度に用いたのである。たとえばがんになると、平均的に寿命が一〇年近く短かくなる。これは、がんの患者がどの年齢で死亡するかという統計から求めることができる。それを基にいくつかの仮定をたてて計算すると、10^{-5}の発がんリスク、つまり一〇万人に一人ががんになる状況は、一〇万人に平均してしまうとそれぞれの寿命が〇・〇四日、つまり一時間短縮することに相当する。

では、メチル水銀により知覚障害をわずらうとどのくらい寿命が短縮するか？

国立水俣病研究センターの金城芳秀さんらの「水俣病認定患者の死亡構造の研究」（Yoshihide Kinjo et al., Environmental Sciences, Vol. 1, No. 2, pp. 73-88, 1991.）を基にして計算すると、その寿命短縮は一・八五四年になる。ただし、この研究は一九七三年以後の死亡についての研究である。水俣病の最初の発見は一九五六年であるから、これはいささか奇異な研究であるが、最初のころは認定制度もなく、全体的な調査も行われていないので、こういう研究になっているとのことである。激症の患者のかなりの人が一九七三年以前に死亡している可能性が強いから、やや軽症の患者群を対象にした結果と言えるだろう。したがって、この死亡率の研究がどれだけ水俣病を捉えているかには疑問があるが、私が問題にしているメチル水銀による知覚障害者の標準化死亡率を知るためには、むしろいいと考えてこの結果を使った。

前節にも書いたがこれを用いると知覚障害の深刻度は、がんを一とすれば〇・一七五六である。人の健康だけ考えても多くの病気がある。それ以外に、精神的な要因もある。それぞれのリスクが分かっても、それらを統一して評価する方法がないと、結局行き当たりばったりの政策しかとりえない。その意味で、多くのリスクの要素をできるだけ統一的に見る方法が提示されることは重要である。とくに、発がん性リスクとその他のリスクの相対的な重みづけの指標は緊急に必要である。

寿命の短縮という点から、その病気の深刻度の相対比較をしたことは、序章で書いたように「人の死」をエンドポイントにしてリスク評価をしたことと、実は同じことである。死をエンドポイントにしたと言うと、死という極端なことがおきないような病気は無視されていると考えられるかもしれない。しかし、そうではない。例えば、頭痛が続くというような症状であっても、その生きる過程での苦痛はその大小に応じて寿命を支配していると考えているのであり、精神的な苦痛も含めてこの尺度でリスクを計ることができるというのが私の考えである。

現に、白アリ防除剤のクロルデン（発がん性物質）とクロルピリフォスとのリスク評価では、直接死亡率からではなく、症状から寿命の短縮を推定する方法をとり、相対的な深刻度を比較した。

統一的な評価法の必要性は誰も感じているであろうが、いざそれが提案されると、違う「苦しみ」を統一的に評価していいのかという反論がかえってくる。統一的に評価することの問題はあるのだが、しかし、それがなければ、場当り的な対応しかとれない。いや、実はなんらかの対応をしていること、あるいは、なにもしないことは、種類の違うリスクに対して暗黙の重みづけを行って、統一化していることなのである。ただ、暗黙であるうちは、それは他の人には分からないし、また、極めて恣意的にもなろう。ここで私が行っていることは、その暗黙の重みづけを明らかにし、多くの人の監視ができるようにし、なおかつ、できるだけ合理的な根拠を持たせようとしているのである。

ただ、違ったものを統一化することは、やむを得ず行っていることだという認識は大切である。そして、その重みづけは時とともに変化するものだし、同じ時代であっても人によっても違う筈のものであるということを忘れてはならないと思う。その意味で、統一化の際には、必ず元のリスクと重みづけの係数を明示し、いつでも元のかたちに戻れるようにしておくことが肝要である。

第6章　リスク認識

市民のリスク認識

私は「安全」と「危険」の間を定量化するためにリスク論を開発しようとしている。それは、第一に、最悪の事態が起きる前に環境対策を実施するためであり、第二に、人間以外の自然環境や未来環境をまもることを考えると、パニック以外の、やはりなんらかの規範が必要だと考えるからであり、第三に、環境を考慮すべき対象が増加してきている現状では、リスク削減を合理的に行わなければ人間の使い得る社会的・物理的な資源(知能なども含む)を浪費することとなり、結局人類の寿命を縮めることになるからである。

このリスク論に対して、日本の行政機関は、所詮日本人はそういうことを合理的に考える習慣がないという立場をとっている。少なくとも、今まで私が話をした官僚の九五%はそういう感想を述べる。たしかに、日本人の環境問題に対する反応が理性的でないことは認めるが、それはそれなりの背景があってのことであって、未来永劫そうであるとも思えない。それに、市民のリスクに対する反応が、行政や専門家と違うからと言って、それを即座に「非科学的だ」と退けてしまうことにも問題がある。

専門家の目からは、非理性的に見える市民は、リスクをどのように認識するのかということを考えてみる必要があると私は思う。そこには、非理性的とばかりは言えない、人間の英知とも言うべき何かが隠されていることもある。

科学的にはリスクの大きさとは、リスクの期待値ということになっている。期待値とは、危険な事象の起きる確率とその結果もたらされるダメージの積である。例えば、飛行機事故の確率が一〇万分の一（10^{-5}）あり、事故がおきれば必ず半数死に、かつ年間一〇〇万人が飛行機に乗るのであれば、このリスクは

$$10^{-5}\times\left(\frac{1}{2}\times1{,}000{,}000\ 人/年\right)=5\ 人/年$$

年間五人の死亡ということになる。

リスクとは逆であるが、宝くじで一〇〇万円が当たる確率が一〇〇〇本に一本で、その他の賞金はないとすれば、この宝くじの期待値は

$$\frac{1{,}000{,}000\times1}{1{,}000}=1{,}000\ 円$$

ということになる。概念としては似ている。

客観的なリスクの大きさとは、ここに書いたようなリスクの期待値であると定義しておいて、

以下の話を進めよう。

一九六九年の『サイエンス』にチョーンシー・スター(Chauncey Starr)は、市民がどのようにリスクを受け入れるかについての論文を発表している(Chauncey Starr, "Social Benefit versus Technological Risk", Science, Vol. 165, pp. 1232-1238, 1969.)。

彼は、いくつかの行動とそれにともなうリスクとベネフィット(利益)とを比較して次のような結論を出した。

①許容されるリスクの大きさは、ベネフィットの大きさの三乗に比例する。

②自発的な行動(voluntary activities)では、強制的な行動(involuntary activities)に比べ、リスクが一〇〇〇倍許容される。

各種の輸送手段(自動車、鉄道、飛行機など)、狩猟やスキー、喫煙、発電などをとり上げての結論である。このリスクの中には、環境影響によるリスクは含まれていない。リスクは時間当り一人当りの死亡率で計算されている。比較として、ベトナム戦争や自然災害のリスクも表示されている。

一方、ベネフィットの方は、自発的な行動の方はそのために支払っている金額または節約時間の価値で、非自発的な行動では、そのために増加する所得で計算されている。ベネフィットの計算方法が自発的と非自発的で違っているので、厳密な意味での比較はできないが、リスク受容度はベネフィットと自発性に左右されるという結論は納得できる。それにしても、この研究が一九六九年に出されていることに驚かされる。当時、日本は公害の真只中、市民の意見を聞くという発想もなかった。スターはその後、これを手直ししたような論文を沢山出しているが、ここで紹介した論文が一番すっきりしている。

専門家と市民との違い

一九八七年、やはり『サイエンス』に発表された心理学者ポール・スロヴィック（Paul Slovic）の「リスク認識」という題の論文もまた、どうしても紹介しなければならない（Paul Slovic, "Perception of Risk", Science, Vol. 236, pp. 280-285, 1987.）。私はエンジニアだが、ここで展開している環境政策の提案について、心理学者が議論してくれるようになれば、本当の政策になると思っている。

スロヴィックはまず三〇の技術に関する活動を挙げて、婦人有権者組織、大学の学生、専門家に、アンケートでどれが重要なリスクかについて聞き、グループごとにどのリスクが重要であると認識しているかをまとめている。その結果、スロヴィックはこう結論している。専門家はリスクをほぼ年間死亡率（リスクの期待値、つまり確率と結果の大きさの積）で判断するが、普通の人は、破滅的なことになる危険性（これをdreadと表現している）、未来の世代に対する恐怖を重く見て判断している。

つまり、専門家が危険としてランキングしたのは一位自動車、二位喫煙、三位飲酒、四位ハンドガン、五位外科手術であるが、婦人有権者組織の人々は、一位原子力発電、二位自動車、三位ハンドガン、四位喫煙、五位オートバイとしている。婦人有権者組織のメンバーがもっとも危険とした原子力発電は、専門家の投票では二〇位である。原子力発電についての評価が素人と専門家で最も差が大きい。大学生のグループも、原子力発電を最も危険度が高いと認識している。

ここから、スロヴィックは市民がリスクを認識する際の二つの大きな要素を挙げている。第一の要素はドレッド・リスク(dread risk 破滅因子)、二番目の要素はアンノウン・リスク(unknown risk 未知因子)だという。ドレッド・リスクとは、そのまま訳せば恐怖のリスクということになるが、「破滅因子」と訳しておこう。

「破滅因子」として、つぎの要素をスロヴィックは挙げている。制御できない、恐ろしい、地球の破滅、致死的な結果、不公平、次世代への高いリスク、削減が難しい、増加しつつあるリスク、受動的などである。

「未知因子」として、観察できない、知ることができない、遅発性の効果、新しい、科学で知ることができないを挙げている。リスクの期待値とは別に、これら二つの要素が強いとそのリスクはなかなか受け入れられないと言うのである。

図6-1は、スロヴィックの論文中から抜きだして筆者が番号や注を加えたものである。この図の横軸は、「破滅因子」の大きさを示している。右にいけばいくほど大きく、左にいけば小さ

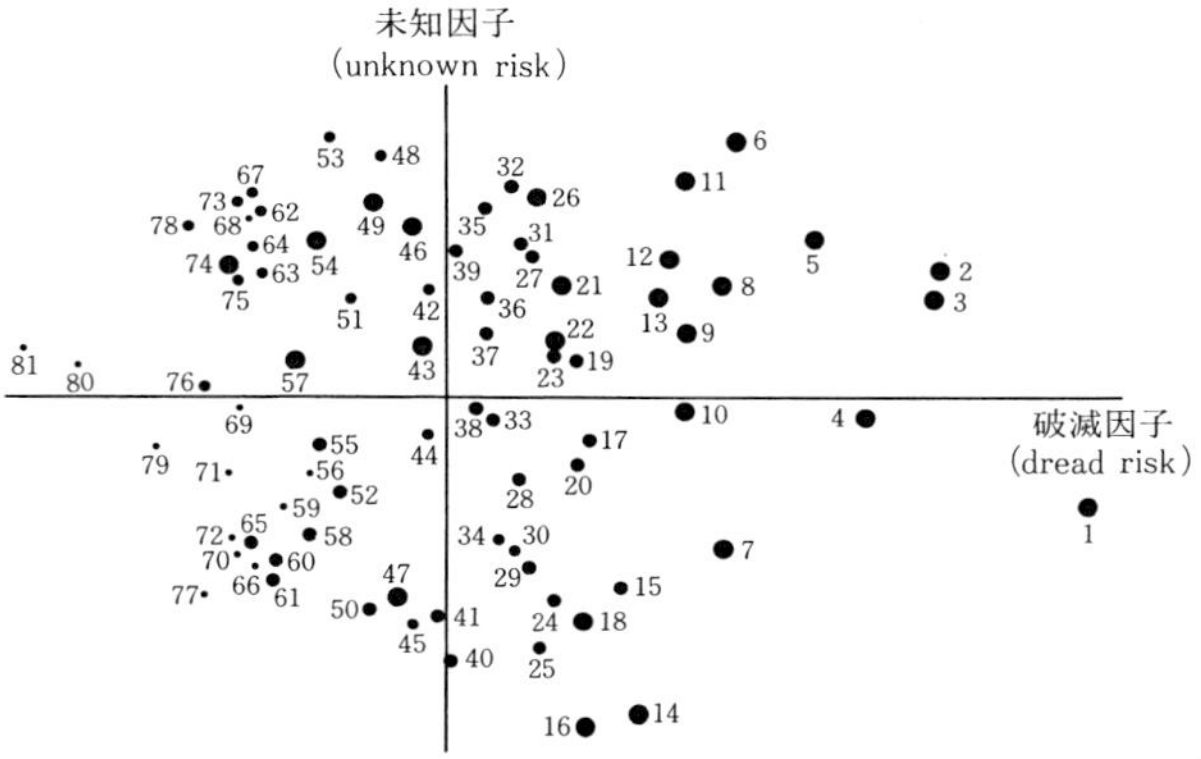

1：核戦争
2：原子力発電所の反応器の事故
3：核兵器実験による降下物
4：神経ガス事故
5：放射性廃棄物
6：DNA 技術
7：石炭炭坑事故
8：ウラニウム鉱山
9：人工衛星の事故
10：LNG 貯留と輸送
11：超音速機
12：2,4,5-T(農薬)
13：PCB
14：ピストル
15：高層建築
16：ダイナマイト
17：炭坑での病気
18：通勤
19：石炭燃焼による大気汚染
20：大規模ダム
21：農薬
22：DDT
23：化石燃料
24：鉄道事故
25：自動車レース
26：DES(性機能治療薬)
27：トリクロロエチレン
28：高層ビル火災
29：飛行機
30：スポーツパラシュート
31：カドミウムの使用
32：電場
33：D-CON
34：水中建設作業
35：窒素肥料
36：アスベスト
37：水銀
38：自動車排ガス(一酸化炭素)
39：ミレックス(農薬)
40：自動車事故
41：アルコール事故
42：抗生物質
43：自動車による鉛
44：喫煙による病気
45：消火作業
46：塩ビポリマー
47：オートバイ
48：電子レンジ
49：亜硝酸塩
50：橋
51：ゴム製造業
52：アルコール
53：Laetrile(薬剤)
54：医療用X線
55：スノーモービル
56：トラクター
57：鉛塗料
58：エレベーター
59：チェンソー
60：喫煙による火災
61：電気設備によるショック
62：ヘキサクロロフェン(消毒薬)
63：IUD(避妊リング)
64：経口避妊薬
65：電気設備による火災
66：ボート
67：水道水のフッ素添加
68：水道水の塩素処理
69：スケートボード
70：ダウンヒルスキー
71：トランポリン
72：家庭での水泳
73：サッカリン
74：Valium(薬剤)
75：ダボン(鎮痛剤)
76：予防接種
77：自転車
78：コールタール原料のヘアダイ
79：電動芝刈り機
80：アスピリン
81：カフェイン

図 6-1 リスクに対する諸規制への市民の認識
資料：Paul Slovic, "Perception of Risk", Science, Vol. 236, pp. 280-285, 1987. Reproduced by permission. ©1987 American Association for the Advancement of Science.

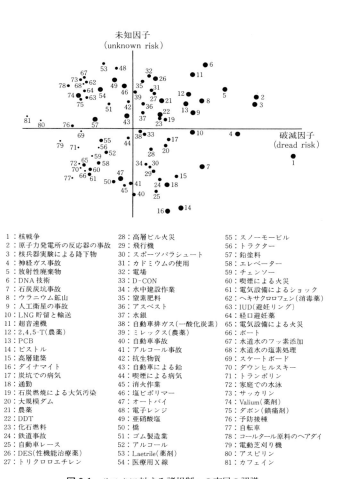

い。縦軸は「未知因子」の大きさを示していて、上にいけば大きい。黒いまるは八一の事象や活動を示している。それぞれの事象の破滅因子の大きさ、未知因子の大きさに応じてまるの位置が決っている。

マルの大きさは、市民がもっと規制を厳しくして欲しいと望んでいる度合の大きさを示している。つまり、現実の規制と市民の認識の差を示している。最も大きいマルがついているのは、1〜7番くらいと、14番である。1番は核戦争、これは結果の悲惨さは最大で最も右に位置している。しかし危険性は分かっているから、未知因子は弱く、第Ⅳ象限に位置している。2番が原子力発電所の原子炉の事故で、これも起きてしまえば悲惨だから「破滅因子」は大きく、「未知因子」も大きいから第Ⅰ象限に位置している。

この図で見ると、市民は第Ⅰ象限と第Ⅳ象限にある事柄の規制をより強くすることを望んでいる。つまり、「破滅因子」が第一の要因である。次に、第Ⅰ象限と第Ⅳ象限を比べると、第Ⅰ象限の事象をより強く望んでいる。未知因子がからめば、さらに強くリスクとして認識するのである。

マルの大きさが中ぐらいなのは、40番の自動車事故、39番のミレックスという農薬である。一方小さく認識する方のリスクには、カフェイン(81番)やアスピリン(80番)、水道水の塩素処理(68番)がある。これらについては現状での規制にほぼ満足しているということであろう。

これらの場合も、専門家はやはりリスクの期待値という客観的なデータで判断するという。

スロヴィックの結果は、市民の判断と専門家の判断の基準が違うことを示しているが、この結果でみる限りでは、市民の判断が非科学的とは言えない。ある事象の結果が人類や地球を破滅に導く危険性をはらんでいれば、一度起きればお終いであり、確率が低いということは起こらないことを保証しないので、その生起確率によらず恐いと考えて、そのリスクを避けようとするのは当然だからである。未知因子が大きければ、危険を大きく評価するのもまた、当然である。さらに、第一因子の中に含まれている不公平性もまた、リスクを期待値だけで判断できない要因であることもまた、合理的なのである。不公平であれば、ある特定の人だけが危険性を背負い込み、また別の特定の人だけがそれにともなう利益を享受するからである。

もちろん、市民のリスクに対する反応が非科学的であったり、感情的であることは多々ある。しかし、少なくともスロヴィックの導きだしている要素は、リスクを評価して政策にするときに考慮すべき要因である。

今後私はリスク論を使って化学物質規制の方向性を探っていくが、その際リスクの期待値だけを問題にするのではなく、ここで挙げられた因子は考慮しなければならないと考えている。

スロヴィックの結果についてどう考えるか、社会心理学者の山口勧さん（東京大学文学部社会心理学科助教授）に尋ねたところ、以下のような意見だった。

「原発などが最もいい例です。一つには、行政とか企業は、そういう一般の人の考え方を知らなければならないと思うんです。その考え方を受け入れなければ、結局は認められないんです。

もう一方で、市民もリスクに対する感情的な対応を避けるようにしないと、結局全体としてリスクを小さくできないことを知るべきだと思います」。

しかし、だからと言って、さまざまな危険性を、破滅的なことが起きるかも知れぬという言い方で表現して問題を片付けるのには同意できない。先日、原子力発電に反対する人々の主張を聞く機会があった。その説明の大部分が、判で押したように、チェルノブイリのようなことがおきるというものであった。そして、「チェルノブイリ」＝「地球の終わり」という雰囲気であった。これには私は少なからず驚いた。私自身は、チェルノブイリの事故がどのようなものであったかについて、新聞記事以上のことは知らないが、少なくとも現時点ではその危険性がどの程度のものか定量化できるはずである。もう少し、冷静に、定量的に議論できないものかと考えさせられた。アマゾンで、病人を見ると水俣病として報道してしまうのと同じような雰囲気、大げさに言わないと市民は分からないというような不誠実さを感じた。

先にも書いたように、市民と専門家のリスク認識の差について、市民の判断の仕方に私は一理あると思っている。いや、むしろ専門家より市民の方が地球の将来や次世代への危険性を心配していると言える面がある。しかし、だからこそ市民にわたされる情報は、市民運動側の専門家から出される情報であっても、いつまでも不可解で恐ろしいことが起きるというものであってはならないと考える。できるだけ、定量的にする努力が必要だと思う。

リスクを定量的にしようという私の主張には、市民運動側には反対の人が多い。もちろんすべてを定量的にできるわけではないから、それでは表現しきれないという不満は分かる。しかし、もう一方で「恐いことが起きる」という恐怖感に訴えた方が、市民運動を組織できるという裏もあるように思う。しかし、それは市民の弱点を悪用しているとも言えるのではなかろうか。

　そうすることによって、一時的には市民運動を組織できるとしても、逆の側の「恐いこと」(燃料が手に入らないかもしれない)には市民はもっと弱いのであって、結局のところ負けるのである。定量的なリスク評価にのらない恐ろしいことも考慮しなければならないが、評価できないことを利用したような市民運動の論理や、あるいは環境保護政策はあってはならないと思う。

第7章　環境政策の原理

リスク・ベネフィット

　ここでは、環境影響によってもたらされる人の健康リスクの管理原則について考える。生態リスクについては第11章で述べることにする。

　リスクを使って何かを判断するには、リスクの量と質の両方を考えなくてはいけない。リスクの量的な大きさとは、「結果の影響の大きさ」と「そのことが起きる確率」との積である。専門用語で、リスクの大きさの期待値と言う。個人についてのリスクの大きさと集団全体のリスクの大きさがある。それぞれ違った意味がある。

　質的なこととは、前の章で述べたようなことである。つまり、「結果の影響の大きさ」が大きいもの（破滅因子という）か、あるいは、内容が分かりにくいものか、新しいリスクかなどの性質の違いである。リスクの期待値が同じであっても、結果がドレッド（恐怖）であれば、リスク削減の優先順位が高くなる。

　さらに、重要なのはリスクにともなうベネフィットの問題である。ここで、ベネフィットとは、リスクを受忍するためにもたらされるベネフィット、言い方を変えれば、リスクを削減すると同時に消失してしまうベネフィットである。リスクは必ずなんらかのベネフィットをともなっているものであり、リスク管理原則はベネフィットとのかね合いで決めざるを得ない。つまりリスクの大きさをベネフィットの大きさで割った値が大きければ削除し、小さければ我慢することが望ましい。しかし、この原則もリスクの受忍者とベネフィットの受益者がかなり一致している場合にはいいが、両者が完全に乖離しているときには適用しなくなる。

現象的には次の三つのリスク管理原則がある。①リスクゼロの原則、②リスク一定の原則、③ベネフィット当りのリスク一定の原則、これを、リスク・ベネフィット原則という(『水の環境戦略』参照)。

リスクゼロという原則はありえないし、多くの矛盾を引き起こすこと、リスク・ベネフィット原則が望ましいことについては、『水の環境戦略』の中で述べているので、ここでは繰り返さない。

リスク一定の原則とは、水道水中に含まれるすべての複数の発がん性化学物質に対して、10^{-5}の発がん率のように一定のリスクレベルに対応するような濃度で規制することである。このルールは、これまでも使われてきたし、今後も使われるだろう。しかし、その場合も、ベネフィットに対するリスクの値(リスク/ベネフィットの値)の小さな物質や活動に対しては、リスクの値そのものは大きくても認めるという例外を作らざるをえない。これは、リスク一定の原則だけでは管理ができず、最終的には、リスク・ベネフィット原則が有効であることを示している。その意味では、リスク管理の一般的な原理としてはリスク・ベネフィット原則しかない。しかし、その社会的な機能から、リスク一定の原則も有効な場合がある。

リスク・ベネフィット原則では、リスクΔRをベネフィットΔBで割った値、(ΔR／ΔB)の値がすべての基準になる。とすれば、その逆数のリスク当りのベネフィット(ΔB／ΔR)もまた基準になり得る。逆数の方が意味を理解しやすいので、この値を算出し使っていくことにする。人の健康リスクの場合は、最終判定点を人の死においているから、リスクは人の死の数である。一方、ベネフィットとは、そのリスクを我慢するために得られる利益、またはリスク削減によって失われるベネフィットである。

得られるベネフィットとは、さまざまな便利さ、金銭的な収入などである。失われるベネフィットとは、リスク削減のためにかかる資本、人手、資源、エネルギー、および我慢しなければならない不便さなどの総量である。

$$\frac{\Delta B}{\Delta R} = \frac{\text{見返りとしてもたらされるベネフィット}}{\text{受忍するリスクの大きさ}} \quad \cdots\cdots(p)$$

$$= \frac{\text{リスク削減のために失われるベネフィット}}{\text{削減されたリスクの大きさ}} \quad \cdots\cdots(q)$$

リスク削減によって失われるすべてのベネフィットを、リスク削減のための費用という一つの項に置き換えることができれば、(q)式は、(r)式になる。

$$\frac{\Delta B}{\Delta R} = \frac{\text{リスク削減のための費用}}{\text{削減されたリスクの大きさ}} \quad \cdots\cdots (r)$$

たとえば農薬の場合、(p)式で、農薬によって節約できる人件費や、増収分などの価値の合計が分子になり、農薬によるリスクが分母になる。(r)式を使うとすれば、カセイソーダ製造工程での水銀法禁止の事例のように、製造法転換のために使われた費用が分子になり、それによって減少したリスクが分母になる。

ある環境対策の($\Delta B/\Delta R$)は、言い換えれば、一人の命を救うためにかけられる費用であるから、その環境対策で見積もられ、貨幣価値で表現された命の価値でもある。

私が提案するのは人の健康影響削減を目標とする環境政策の一つの目安として、このように計算された命の価値を使おうというものである。まずは、このようにして計算された命の価値が低いとされる物質の使用や活動から規制を始めるべきであると考えるのである。

人の死を考える

人の健康を保護するための環境対策を、($\Delta B/\Delta R$)の値を基準に選択しようというのが私の考えである。($\Delta B/\Delta R$)は統計的に表現されたものではあるが、人の命の価値であるから、私の提案は人の命に無限の価値をおけないということを表現している。何故なのか？

この社会に無限の資金（資本力、人力、エネルギーなど）がないからである。だからこそ、効率的に資金を使うには、優先順位を決める意味で、（ΔB／ΔR）に枠をはめる必要がでてくるのである。また、人の命を救うために多くの他の資源を使うと、別の環境問題をひきおこし、ある命を救うために別の命を生け贄にしているような状況が生まれるからである。さらにまた、資源や自然環境を今の世代に生きる人間の命を守るためだけに使い切ってしまうことができないからである。

無限には命を追求できない場面があるからこそ、われわれは誰にも分かる方法で、衆人環視の中でリスクを計算し、ベネフィットを計算し、（ΔB／ΔR）を明示しなければならないのである。

安全・危険を考える時、人の命はなにものにも替え難い価値があるという理念を、いつもふき込まれてきた。しかし、それは、建前であって、本当はそうではない。人の命を救うために、無限のお金をかけたいと思っても、そんなことはできない。といっても、割合恵まれた生活をしてきた今の人たちには、こういう実感がないかもしれない。それは、現実とぶつかる機会がないだけで、どんなに恵まれた生活であっても、生活や命の基礎は極めて物質的なことである。

私は、非常に小さい時からこういうことを思ってきた。それは、自分の経験で痛いほどそのことを知らされていたからである。私は小学校四年の頃、微熱を出しては学校を早退する日が続き、遠足に行けば数日休んでしまほど身体の弱い子であった。低学年までは、人一倍健康な子であったので、家族も最初は不思議がっていたが、また元どおりになるので、やがて無関心になっていった。なにより貧しく、食べるのが精一杯で、子供の病気にかまっていられるような状況ではなかった。中学生になって、私の身体の具合をいぶかった担任の教師が自分のお金で私を病院に連れて行き、レントゲン検査を受けさせた。それで、私は結核になっていること、すでに自然に治癒しつつあることが分かった。当時(一九五一〜五二年)は、まだX線検査は特別高級な医療だった。私は、幾ばくかのお金で命を失ったり、救われたりすることを身にしみて感じた。その後も、私はずっと身体の弱い人間として生き続けているので、あのころの貧しさの負債は大きいものだといつも思っている。しかし私の場合も「貧しさ」プラス「無知」の結果かもしれない。知恵によってこの負債から免れる可能性もあった。これは、個人の場合であるが、社会全体をみれば、その時代の社会がもっている経済力で命は決まるのである。ただ、資金の上手な使い方はあるだろう。私がここで論じているのは、そういうことである。限界があるから、できるだけ上手に使おう。効率的な使い方がしたい。そのためには、(ΔB／ΔR)が政策選択の指標になる。

金銭で評価するのはけしからんという人がいる。しかし、これはたまたま金銭の単位で表現されているが、失なわれるΔBの中身は、リスク削減のために使われるエネルギーや、資源、人の労力、そのために生ずる不便さなどである。それが、金銭の単位で表現されている。場合によっては、ΔBをエネルギーの単位で表現することも可能である。したがって、無限のΔBを犠牲にしてΔRを減らせというのは、汚染対策に他の資源を無限に使っていいということである。序章で書いたように、地球環境問題では、汚染と他の資源とのバランスを考えなくてはならない。汚染対策に無限の資源を使うことは許されない。実は、このように他の資源とのバランスを考えなくてはならないときに、この（ΔB／ΔR）という指標は、非常に有効なのである。

ただし、ΔBは金銭評価で表す限り、特に断りがなければエネルギーや資源の現在の市場機構の中での価格で表現されている。資源の枯渇のことを考えれば、今の価格で採算がとれれば使っていいというものではなかろう。もし、我々がエネルギーや資源の将来の枯渇の問題をより重視しなければならないと考える時には、エネルギーや資源の価格に将来資源が枯渇したと考えられる状況下での市場価格（当然今より高い）を入れて、ΔBを計算することもできる。ある場合には、こういうことも必要である。

ただし、ここでΔBの算出にあたって、資源枯渇の影響を取り入れることは、今生きている人間の命の価値を相対的に低く見積もることだということに注意していただきたい。後の章で述べることだが、LCA（ライフ・サイクル・アナリシス、第11章参照）にも同じ問題がある。将来のことを考えれば考えるほど、今の時代の特権を削らざるを得ないのである。

第11章で生態リスクの管理原則について述べる。そこでは、今われわれが持っている資金や資源を、一定程度後の世代のために分けることが提案される。地球環境問題の本質は、ここにある。これまで、公害問題では、われわれの命は無限の価値があるという段平をかざして政策を考えてきた。むろん、命に無限の価値など付けることはできなかったが、そう言っても、できないことがはっきりしていたのである。

長い間、命を奪うのは他からの力であった。一つは人間の力の限界であり、自然の脅威であり、そして、もう一つは同じ社会に住む強い力を持っているもの（権力）であった。したがって、反公害運動は、この社会内での命を奪うものとしての権力との戦いという方向性を持った。それは、内部の争いであったから、無限の命を要求するという精神的な枠組みの中で、なおかつ、現実には強者の下であきらめるという仕組みになっていた。しかし、今人類は、少なくとも先進国は、強大な技術力を持つようになり、もし望めば、無限に近い命を求めることができる。その時、無限の命を阻む敵は、この社会の中にはいない。つまり、われわれは未来の人の財産を食いつぶすつもりなら、かなり命を延ばすことができる。いい生活もできる。それをある限度で抑えなければならない、これが地球環境問題である。つまり、他人によって命を奪われるのではなく、自分で死を選ばなくてはならない。これが、（$\Delta B/\Delta R$）に制限をつけることの意味である。文明が進むとは何か？　と問われたら、生を謳歌し、しかし、あるところで死を自分で選ぶことであると私は答える。地球環境問題は文明の発展がつきつける問題である。

さきに計算した値は、こういう条件下で計算された人の命の値段とも言い換えることができる。こういう計算に、拒否反応を示す人が多いことを、私はよく知っている。しかし、無限のお金をかけて人の命を救えないという現実を見たくないために、すでに被害が出てしまった水銀にだけはきれいごとの原理を適用し（危険性をゼロにする、無限の資源を使う）、その他の被害には目を向けないということで、わが国の環境行政は進んできたのである。だからこそ、わが国では一〇とか二〇とかの化学物質しか規制されていないのである。

また、金銭の単位で命の価値を表現することをもって、経済のために命を売りわたす、あるいは経済優先主義だと思われる方もいるようである。しかし、それはかなりお門違いの批判である。ただし、経済的な利益の分配が不公平な社会では、そもそも、全体として合理的な政策があり得ないという意味で、リスク・ベネフィット的な考えが意味がないとは言えるだろう。しかし、そのように現在の社会の中の不合理ないくつかを理由にして、社会全体として合理的な政策を追求することをやめると、それぞれのグループが現状で獲得すべきものをできるだけ要求することになり、それは徹底的に環境を破壊し、資源を使い、最後のつけを次世代以後に回すことになる。そのことを考えてほしい。

わが国の中に分配の不平等はあろう。それはどしどし解決しなければならない。そうでなければ、合理的な社会政策がとれないのであるから。しかし、それらがすべて解決しなければ、社会全体をみすえた政策がとれないというのは、乱暴な議論である。

コスト・ベネフィット

(ΔB/ΔR)のどのレベルが、環境政策として適当かに答える考え方の一つに、コスト・ベネフィット手法がある。コスト・ベネフィット解析では、命の値段を別の方法で計算して、それと比較するという方法をとる。岡敏弘さんの回答(一三四ページ)の中にあるように、一つは、労働市場での命の価値、もう一つはアンケート調査によって求めた支払い意思(CVM＝リスク削減に対する支払い意思を直接アンケートなどで聞く方法)である。そして、環境対策での(ΔB／ΔR)がこの水準であるべきだと主張するのである。これは、環境対策でとるべき客観的な基準を示しているという点で、魅力的である。しかし、私は今のところこの二つの方法を使う気がしない。

環境対策での命の価値は、労働市場での命の価値より高くなければならないと私は考えているからである。その第一の理由は、現在の知識では環境問題の危険性のすべてを、「リスク」としてカウントできていないからである。人の健康リスクも結局は強い影響の出る分だけで、微量で広い範囲に与える影響はカウントできない。人の健康へのリスクと評価されていても、多くの場合は生態系への影響も同時におきているはずだが、それの評価が非常に難しいから、結局リスクとして考慮されていないことが多い。水銀のリスクもかろうじて人の健康へのリスクを算出したが、微量の水銀の流出が長く続くことが生態系に与える影響などはいまのところカウントできない。

第二の理由は、職業選択の場合のリスク回避行動から計算する場合は、不均一性を考慮して中間値をとったとしても、母集団は労働できる人である。しかし、環境問題での母集団は弱者をも含む全人口である。子どもや病人などの弱者は労働市場での労働力の価値は低いが、現実の社会では福祉政策の下で危険回避のためにより多くの費用をかけるのが普通になっている。その意味で、弱者を含む人の集団に影響を与える危険性については、リスク回避の費用が、労働市場の場合よりやや高くても当然だと考えるのである。前章で紹介したように、スターは自発的な行為と非自発的な行為で許容リスクのレベルが違うと指摘しているが、これも結局母集団のとり方の違いだと思う。ただ、母集団の違いによる差は、原理的には計算できるはずである。私自身が、この点についてあまり調べたことがないだけだと思うが、当面は、違いがあって当然という定性的な議論にとどめておく。

ここで、米国でのコスト・ベネフィット論議について紹介しておきたい。ランドール・ウェンツェルがわかりやすい文章(Randall S, Wentsel, "Risk Assessment and Environmental Policy", Environmental Toxicology and Chemistry, Vol. 13, No. 9, p. 1381, 1994.)を書いていたので、それをもとにして書くことにする。

彼によれば、議会内にはリスク・アセスメントを巡って四つのグループがあるという。第一は、EPAが規制を行なう際には、リスク・アセスメント、コスト・ベネフィット解析、相対的なリスクの比較が必要だというグループ。この意見は正論に見えるが、このグループの支持者は、これによって規制を遅らせることができると考えている。第二は、リスク・アセスメントを、規制についての政策決定を行うプロセスの一部を成す科学的な道具と考えている。そして、リスク・アセスメントを、問題の性格をはっきりさせること、規制の優先順位をきめること、効果を比較することと、多くの人に知らせること、さらに研究の必要性を判断することに使いたいと考えている。第三のグループは、多くの環境保護団体と同じで、リスク・アセスメントは、規制を遅らせ、決定過程から市民を締め出し、結局は、リスクを許容させ、判断や価値の役割を減ずることになると考えている。第四は、意見のないグループである。

クリントン政権は、環境庁を環境省に昇格させるべく、法案を提出したのだが、上院でこれにジョンストン修正条項が付加された。それは、企業などを中心にした第一のグループが、規制のためにはリスク・アセスメント、コスト・ベネフィット解析が行われるべきだということを要求し、それを省への昇格の条件にしてしまったからである。この修正条項は、圧倒的多数に支持されて上院を通過した。そして、最終的に、環境省への昇格法案は下院で引き下げられ、現在リスク問題での妥協待ちという状態である。

これを、やや長く書いたのは、多分日本でも同じような議論がおきてくると想像するからである。誤解を避けるために、右の米国での議論に沿ったかたちで私の議論を整理しておく。私はリスク・ベネフィット解析が必要だと言っているが、それは第一のグループが言うコスト・ベネフィット解析とは違う。

リスク・ベネフィット解析だけでは規制は非常に保守的になる危険性がある。そのことを、次節で述べる。

この議論の中で、一番気を付けなくてはならないことは、リスク・アセスメントの難しさに目をつけて、その欠点をあげつらうことで、一切の環境対策を遅らせる動きだろう。ただ、これもし環境行政を直接規制だけで行おうとするのでなければ、それほど障害にはならないように思う。

リスク・ベネフィット原則

私の提案する原則はこうである。

当面は、過去の対策の（ΔB／ΔR）の値とリスクの性質を吟味し、それを基にリスクの質を考慮して（ΔB／ΔR）の目標値を出す。「破滅因子」が大きい、また、人のリスクに付随する生態系への影響が大きいなどのときは、（ΔB／ΔR）の目標値を上げる。次に、まだ対策の施されていない環境リスクについて（ΔB／ΔR）を算出する。それがその目標値以下であればリスク削減策を実施する。

同時に、（ΔB／ΔR）は大きいが、リスクレベルが高く、リスクの影響範囲が大きい事象については、リスク削減の技術開発のための計画的な行動を起こす。技術開発が進めば、ΔBが小さくなるために（ΔB／ΔR）は小さくなる。それが目標値以下になれば、リスク削減のための行政措置をとることが合理的になる。（ΔB／ΔR）の目標値の妥当性を随時検討し、必要があれば修正する。

過去の対策を基にした目標値が正しいという根拠はないので、ここでの目標値が客観的に検証または修正されていくことが望ましい。リスク評価の研究と実践が進めば、労働市場での命の貨幣価値との差も縮まっていくに違いない。

しかし、リスク・ベネフィット法というのは極めて保守的な政策原理にもなりうる。それを説明するために、そもそもどのようにΔBを計算するかについて、やや前に戻るようだが、書いてみよう。これは、求め方の問題だけでなく、その使い方にも関係してくるからである。先に述べたごとく、ΔBは、その環境政策を行ったときにかかる費用である。ということは、その対策はできないと主張すれば、ΔBは無限大だから（ΔB／ΔR）は無限大になり、その対策はとらなくていいことになる。

公害規制の過程で、企業ができないと強く主張し、あるいは、そんなことをすれば企業がつぶれると主張し、規制ができなかったことをたびたび経験してきた。そしてしばらく経つと、企業がつぶれるどころか、非常に低い費用でできたということを知ることもまた、たびたびであった。実は、これは、一種のリスク・ベネフィット原則を企業が主張しているのである。その意味で、リスク・ベネフィット原則は、合理的に見えるが、極めて現状肯定的で、可能だと誰にも分かっているこことしかできないし、一つの業界が口を合わせてできない、費用が高すぎると主張すれば規制ができないという面がある。

リスク削減の競争が行われるという保証がなければ、実はリスク・ベネフィット原則と言うのはリスク削減の方向性を持たないということに注意していただきたい。

どのように競争を刺激できるだろうか？ リスクの大きさが明示されること、そして、リスク削減の効果が連続的に多くの人に知らされることである。

たとえば、水道水の塩素消毒に伴う発がんリスクを考えてみよう。それによる発がんリスクが一単位あったとする。しかし、塩素処理以外に消毒の方法がなければ、塩素処理をやめることはできない。何故なら消毒しないことによって生ずる伝染病などのリスクは、発がんリスクより大きいからである。したがって、塩素処理によって生成する発がん性物質を規制できない。しかし、塩素に代わるオゾン消毒法が可能になり、オゾン処理に代えるための費用さえ払えば塩素処理に伴う発がんリスクを減らすことができるようになった。その費用が一〇〇円であるとしよう。そして、一単位のリスクを減らすのに一〇〇円かけることは、現在の環境対策のレベルとして妥当であるとしよう。そのとき、行政は塩素処理により生成する発がん性物質を規制するのがいいだろう。

しかし、もし誰もオゾン処理について研究しなかったとしたら、あるいは、オゾン処理で可能なことを広く世間に知らせる努力をしなかったとしたら、いまだに塩素処理によって生成する発がん性物質は規制できない。これが、リスク・ベネフィット原則であり、その限界である。

つぎに、自動車排ガスによる環境リスクの大きさが一〇〇〇単位で、水道水によるリスクは一単位であったとする。また、自動車のリスクを一単位減らすのに一万円かかり、水道水によるリスクを一単位減らすのには一〇〇円しかかからないとすれば、規制する立場から見れば、水道水によるリスクを減らすことにするだろう。しかし、リスクの大きさは圧倒的に自動車であるから、これに手をつけなくては、全体としてリスクは減らない。しかし、今のままでは、あまりにも費用がかかり過ぎてできない。本当に不可能ならば仕方がないが、問題は本当に不可能か否かが分からないことである。先のオゾン処理のような方法があるかもしれないが、誰にもそれが分からない。しかも、できないと言い続ければ、新しい技術は生まれず、規制しないことが合理的であることになる。

どのようにすれば、その技術があるかないかを見極めることができるか。いや、リスクを減らす技術を企業が生み出すように仕向けることができるか？

それは、規制はしなくとも、自動車によるリスクが大きいことを皆に知らせることである。水道水の一〇〇〇倍もあることをまず、周知させることである。そうすれば、市民も自動車のリスクを減らせと言う要求をする。技術者はそのリスクを減少させる良い技術を生み出せば利益が大きいことが分かるから、その技術開発に力を注ぐだろう。

先に書いたようなリスク削減に対し税金を減額するなどの奨励策も効果を発揮する。

上の二つの条件が満たされれば、リスクを減らすための技術は大体、その時代の力ぎりぎりまでは開発されるであろう。リスク・ベネフィット原則は、合理的な規制を行うためには不可欠な考え方であるが、規制に到達するまでには規制以外の方法を講じなくてはならないのである。

もう一度まとめよう。当面は、過去の対策の（ΔB／ΔR）の値とリスクの性質を吟味し、それを基にリスクの質を考慮して（ΔB／ΔR）の目標値を出す。「破滅因子」が大きい、また、人のリスクに付随する生態系への影響が大きいなどのときは、（ΔB／ΔR）の目標値を上げる。次に、まだ対策の施されていない環境リスクについて（ΔB／ΔR）を算出する。それがその目標値以下であれば削減策を実行する。

同時に、（ΔB／ΔR）は大きいが、リスクレベルが高く、リスクの影響範囲が大きい事象については、リスク削減の技術開発のための計画的な行動を起こす。技術開発が進めば、ΔBが小さくなるために（ΔB／ΔR）は小さくなる。それが目標値以下になれば、リスク削減のための行政措置をとることが合理的になる。（ΔB／ΔR）の目標値の妥当性を随時検討し、必要があれば修正する。

過去の対策を基にした目標値が正しいという根拠はないので、ここでの目標値が客観的に検証または修正されていくことが望ましい。

もう一つの方法、CVMを私が用いたくないのは、結果が調査方法によってあまりにも大きく変化してしまうからである。

つい最近米国から発表された論文（Tammy O. Tengs et al., "Five-Hundred Life-Saving Interventions and Their Cost-Effectiveness", Risk Analysis, Vol. 15, No. 3, pp. 369-390. 1995.）は極めて示唆的である。それは、特定の集団を対象にして大人の死の確率を減少させるために米国で行われた五

八七の施策について、人命を救うためにどの程度資源（人的あるいは物的な）が使われたかを算出したのである。人の命を一年救うために使われた全資源量を金銭の単位で表現している。それによれば、その幅は大きいが、全体の中央値は四万二〇〇〇ドルである。グループ分けすると、医療による予防措置の中央値は一万八〇〇〇ドル、傷害の予防では四万八〇〇〇ドル、毒物の制御では二八〇万ドルとなっている。ここで挙げられている毒物の制御とは、砒素、アスベスト、ベンゼン、飲料水の塩素化、ホルムアルデヒド、鉛、農薬、放射性物質、亜硫酸ガス、トリクロロエチレン、塩化ビニルなどである。

また、規制を担当している機関によっても大きく異なり、それぞれの中央値は連邦航空局が二万三〇〇〇ドル、商品安全委員会七万八〇〇〇ドル、職業安全健康局八万八〇〇〇ドル、環境保護庁七六〇万ドルとなっている。

ここでのリスクの単位は、人の命の一年間の損失である。つまり一年の損失余命である。一人ががんで死ぬことは、平均として約一〇年の損失余命であるから、上の例で毒物規制の一年の命の救済にかかる費用が二八〇万ドルということは、一人のがんを防ぐために二八〇〇万ドルつまり、二八億円かけることと同義である。

私が出した一人のがんを防ぐために数億円というガイドラインは、日本でも米国でも適当なようである。

岡敏弘さんにきく

共同研究者の一人である岡敏弘さんに、いくつかの点について答えていただき、私の考察の足りない部分を補っていただいた。以下は、一問一答である。

問　コスト・ベネフィットについて少し、説明して下さい。

答　ベネフィットはそのWTP（Willingness to Pay 支払い意思）によって測るというのがコスト・ベネフィット解析の原則です。リスク削減に対するWTPを得るためによく使われる方法は二つあって、一つは労働災害のリスクの高い職業の賃金がそうでない職業のそれよりも高いという事実から測る方法、もう一つは、リスク削減に対するWTPをアンケートで直接に聞き出すというものです（この方法をCVM：contingent valuation methodと呼ぶ）。人命一人当りに換算したリスク削減のWTPを便宜的に「統計的生命の価値（a value of statistical life）」略して「生命の価値（value of a life）」と呼びます。米国の研究では、生命の価値は一六〇～八五〇万ドルとなっています。

しかし、リスク削減のWTPの推定は難しいし、政策決定に使えるほどの信頼性をもつ段階にはありません。その場合、リスク・ベネフィットの値を計算して、規制の優先順位を決めようという、リスク・ベネフィット解析のもう一つの使い方が考えられ、それが有効なケースはたくさん残されていると思います。これが中西さんが提案している方法ですね。

問　環境対策でのリスク・ベネフィットが市場でのそれより高くていいと私が考える理由は、以下の三つですが、どう考えますか。

①弱者へのいたわり（弱者が回避できない）、②強制されている、③環境リスクが十分表現されていない。

答　①は分配問題に帰着すると思います。弱者への配慮が必要ということは、リスクとベネフィットの分配の不平等の問題が大きいということです。その場合は、リスク・ベネフィット解析の適用そのものが妥当でないのです。②はリスクが選択できるかどうかの問題に帰着します。それは、リスク削減のWTPが、選択できるリスクと選択できないリスクとで異なるという主張に行きつくと思いますが、WTPの差が、選択可能かどうかという点だけからでてきたものだとしたら、それは、公共財にただ乗りする行動と同じ性質の戦略的バイアスによる差であって、ベネフィットの評価ではむしろ排除すべきものです。③は正当な理由として残ると思います。環境の場合は、壊したら取り返しがつかないかもしれないという要素は、リスクの大きさの中にうまく反映されていないので、その分、環境リスクの削減のWTPは、他のリスクよりも大きいかもしれないと考えるのはもっともです。

イギリスの経済学者ミシャンも、リスクの性質によって、また、削減されるリスクの大きさによって、単位当たりの削減ベネフィットは異なるということを根拠に、汎用的な「生命の価値」という概念の使用に反対しています。

問　ですから、私は、CVMや労働市場データで環境問題でのリスクに対するベネフィットを評価するのには納得できないのです。

答　しかし、今言ったことに基づいて、ミシャンはだからCVMで測ったWTPで環境リスクの削減のベネフィットを評価すべきと言うんです。CVMなら、環境リスクを対象にできるからです。しかし、CVMそのものの信頼性の問題があるとは思います。

Ⅱ　新しい規制のあり方を探る

第8章　大気環境基準値の提案

大気汚染の現況

ここまで展開してきたリスク論を、ほとんど規制の行われていない大気環境に適用してみる。

大気汚染の現況を環境基準との関係からみていくことにしよう。現在、わが国で大気質について環境基準値が設定されているのは、二酸化硫黄、一酸化炭素、浮遊粒子状物質(SPM)、二酸化窒素、光化学オキシダントである。その他に、大気環境指針値(暫定値)が、年間平均値でトリクロロエチレン(250μg/m³)、テトラクロロエチレン(230μg/m³)について決められている。

一九九二年度(平成四年度)環境基準値の達成状況は、以下のとおりである。一酸化炭素については、非適合率はほぼゼロ。二酸化硫黄については、達成できない割合は一～二%である。一方、二酸化窒素については、一九九二年度の結果で、一日平均値に関する環境基準値では環境庁一般環境大気測定局(一般局と略す)では非適合率が二・六%、自動車排出ガス測定局では二八・六%である。東京、横浜、大阪の総量規制三地域に限れば、一般局では二九・七%(前年度五二・七%)、自動車排出ガス測定局では七三・六%(前年度九三・一%、非適合率、念のため)となっている。NO_2

について、環境基準値の適合率が低いことはかなり知られているが、実はSPMや光化学オキシダントについてはもっと低いことが意外と知られていない。SPMの非適合率は、一般局四二・四%、自動車排出ガス測定局六六・五%である。光化学オキシダントについて、一時間値の基準値を超えたことのある局の割合は、四〇・四%である。

どちらかといえば、二酸化窒素は大都市の問題であるが、SPMや光化学オキシダントは全国の問題である。

これらの大気汚染問題を伝統的な大気汚染物質とよんでいる。わが国はこれらの問題を完全に解決したわけではないし、まだまだ問題が残っていることは、その環境基準不適合率の高さから見ても明らかだが、それでも他の先進国に比べれば伝統的な汚染物質に対する対策は成功を収めている。問題は新しい汚染物質(有害物質)に対する対策がまったく進んでいないことにある。一体それらによる汚染の程度はどれほどの大きさなのであろうか?

この大気汚染の問題をまず発がん性物質からはじめ、つぎに非がん性物質に移り、それから伝統的な汚染物質と比べて汚染の影響の大きさを比較し、さらに人の健康への被害だけでなく生態系への被害の大きさを評価し、最後にあるべき規制の姿を提案するという順序で進む。

米国EPAは、有害大気汚染物質による発がん者数を年間一七二六〜二七〇六人と推定している(表8-1参照)。これを一〇〇万人当りに直すと、年間七〜一〇人となる。一方、スウェーデンは人口八四〇〇万で年間三〇〇〜二〇〇〇(中央値八〇〇)人と推定している。これは、年間一〇〇

表 8-1　有害大気汚染物質に起因する発がん推定数

汚染物質名	年間がん発生推定値（人／年） 米国	 日本
ひ素	68	14
カドミウム	10	7
ニッケル	—	7
6 価クロム	147～255	21
アスベスト	88	—
ベンゼン	181	133
四塩化炭素	41	42
クロロホルム	115	<1
ホルムアルデヒド	124	53
トリクロロエチレン	7	<1
ジクロロエチレン	45	—
1,2 ジクロロエタン	—	70
二臭化エチレン	68	—
塩化メチレン（ジクロロメタン）	5	8
テトラクロロエチレン	6	3
塩化ビニル	25	—
塩化ビニリデン	10	—
p-ジクロロベンゼン	—	9
ダイオキシン	2～125	16
ベンゾ(a)ピレン	—	3
アクリロニトリル	13	—
1,3 ブタジエン	256	—
エチレンオキサイド	6	—
ヘキサクロロブタジエン	9	—
ヒドラジン	6	—
不完全燃焼生成物	438～1120	—
コークス炉排出物	7	—
ガソリン蒸発物	124	—
放射性核種	3	—
ラドン	2	—
その他	15	—
ディーゼル車排ガス	—	402～2302（956）
合　　計	1726～2706	1344

資料（1）：米国のデータは，柳下正治「環境基本法後の日本の環境政策」『資源環境対策』30 巻 4 号，301～308 ページ（1994）による．

資料（2）：ディーゼル車排ガスの数値については岩井和郎他『大気汚染学会誌』27 巻 6 号，289～303 ページ，1992 年.

万人当り四〇〜二五〇人である。この数字は、仮定の多い計算結果であるから、この数字そのものを現実の死亡率と比較することはやめた方がいい。しかし、同じ仮定で計算された数値間での比較は意味がある。

では、日本の場合はどうか？　私が試算した結果を表8-1の右側に示す。まだ十分な測定データが入手できず、これを日本の数字として出すことには私自身抵抗がある。しかし、これまでこういうのを見たことがないので、まず最初の手がかりとしての意味はあるだろう。総計は年間一三四四人で、一〇〇万人当りにすると一一人である。

一番最後の行のディーゼル車のデータを除き、環境濃度の測定値は、環境庁か国立環境研究所の測定データを用いている。計算に用いられた測定値は平均値だが、ある場合は幾何平均値で、ある場合は算術平均値など、その点でも不揃いである。測定値は、あくまでもかなり広い範囲を代表する平均値であるから、濃厚に汚染された地域のデータは含まれていない可能性があるので、その点にも注意していただきたい。

一定の地域の濃度の測定値に、その物質の発がんポテンシー（単位量当たりの発がん力）をかけ、さらにその地域の人口をかけるという操作を日本全域で行い、発がん数を求めた。通常発がんポテンシーは生涯での発がん率で出されているので、全がん数を寿命の七〇年で割って、一年間の発がん数を求めた。わが国の平均寿命は八〇歳を超えているので、その寿命で割るべきだという考えもあろうが、化学物質による影響は七〇歳以下で発現することが問題であるという立場に立つことも許されると考えて、このような操作をした。

表8-1の日本についてのデータでやや性質が違うのは、最後の行にあるディーゼル車排ガスについてのデータである。まず、これは私が計算したものではなく、岩井和郎さんらの実験並びに計算結果である。私の通常の計算の方法と違う仮定があるが、その違いをそのままにしてここに引用した。わが国のこれ以外のデータは、一つひとつの物質についての結果であるが、ディーゼル車排ガスについてのデータは、多分数百ではきかない多成分の、一つ一つの成分を詮索することなく、排ガスそのものを動物に与えて実験した結果である。その結果、ディーゼル車排ガスによるがんの年間過剰死亡数が、四〇二〜二三〇二人（中央値、九五六人）と推定された。こういう実験法は、環境汚染では非常に重要である。

たとえば、水道水の塩素処理によって生ずる変異原性の大きさが非常に大きいことが分かっているが、塩素処理によって何が生成したか確かめ、その毒性を調べて、たし合わせるという方法では、とても全体の毒性を説明できない。二〇年以上世界の学者が追いかけているにもかかわらず、毒性の全体像を説明できないのである。環境研究では、個々の物質をおいかける努力と同時に、環境を丸ごと捕まえ、その影響や毒性を調べることがどうしても必要なのである。

米国のデータでも、不完全燃焼生成物やガソリン蒸発物が大きな数値を示している。これも、成分は分からないが、全体として発がん性がどの程度あるかを調べた結果である。

わが国のデータでも、ディーゼル車のデータが加わるだけで、全体の数値が二〜六倍になってしまうのであるから、この種の調査抜きに環境影響を論ずることができないのがよく分かる。ここでは、ディーゼル車のデータしかないが、通常のガソリン車の排ガス、焼却炉の排ガスなどでも、かなり高い値がでるものと推定される。

個々の物質では、この表の中ではベンゼンの寄与が一番大きい。次が、1,2ジクロロエタンである。ホルムアルデヒド、四塩化炭素がそれに続く。

金属類、ベンゾ(a)ピレンは、いずれも浮遊粒子に付着したものであるが、測定点の関係で道路沿いの高い数値は含まれていないと考えていい。農薬も含まれていないし、まだこの表は不完全そのものである。しかし、少なくと大気汚染の健康影響は水道水のそれなどに較べるとかなり大きいようだということを想像させるには、十分だろう。

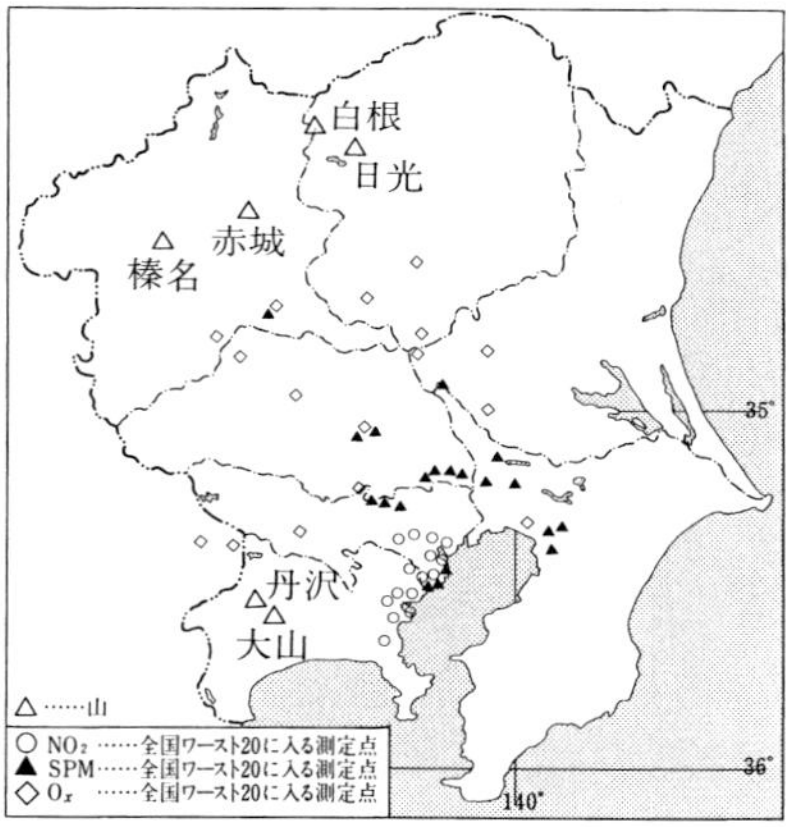

図 8-1 関東地方の大気汚染状況
資料：環境庁大気保全局

環境庁大気保全局大気規制課長柳下正治さんは、大気汚染と規制の現況について以下のように述べている。

「この図8-1が今の特徴をよく表現しています。関東地方で、全国ワースト二〇に入る測定点をプロットしたものです。ワースト二〇の内、一七～一八がこの中に含まれます。○はNO_2、▲はSPM、◇はオキシダントです。○は都心と神奈川の臨海工業地帯に集中していますが、▲はかなり周辺に展開し、◇はもっと奥の方、茨城、群馬、栃木などに見られます。これが、今の大気汚染問題の特徴です。

規制の現況は、いろいろ問題があるんです。激甚な公害があって、その後にNO_2の環境基準値の緩和があった。その時の対立構造にこだわり続けているんです。行政も、患者団体も、業界もです。一九七八年から一五年以上それが続いて、身動きができないのです。NO_2にのみ厳しく、その他の大気汚染には寛容なんです。でも、NO_2は大都市だけの問題です。全国的に見れば、SPMもオキシダントも問題です。全国で環境基準値をクリアできるのは半分程度ですから。それに、有害汚染物質の方は、環境基準値すらないのです。

私は、四隅対応と言っているのですが、大気規制を全方位にもっていきたい。四隅とは、第一にNO_x等の大都市問題、第二は広域的大気汚染問題、第三に有害汚染物質、第四に国際的な展開です。欧州の大気行政はここ五～一〇年の間に、うまくリストラしているんです。伝統的な大気汚染物質（SO_xなど）だけでなく、有害汚染物質を規制する制度的なしくみを作ることに成功してます」。

他の汚染ルートとの比較

外気の汚染のことには敏感だが、室内空気の質については多くの人が鈍感である。図8-2に、外気と室内空気とを比較した米国の例を示す。これは、ワラスの研究結果である。夜六時から翌朝六時まで、一一の有害物質についての外気中での濃度(斜線)と室内空気中の濃度(黒く塗りつぶされた)との比較である。調査対象範囲の人口は一二万八〇〇〇人である。いずれも、室内空気中の濃度が高い。

ワラスはこの調査の結果を以下のようにまとめている。

①揮発性の有機物に関する室内空気中の濃度の中央値は、外気中での中央値に比べ、常に二〜

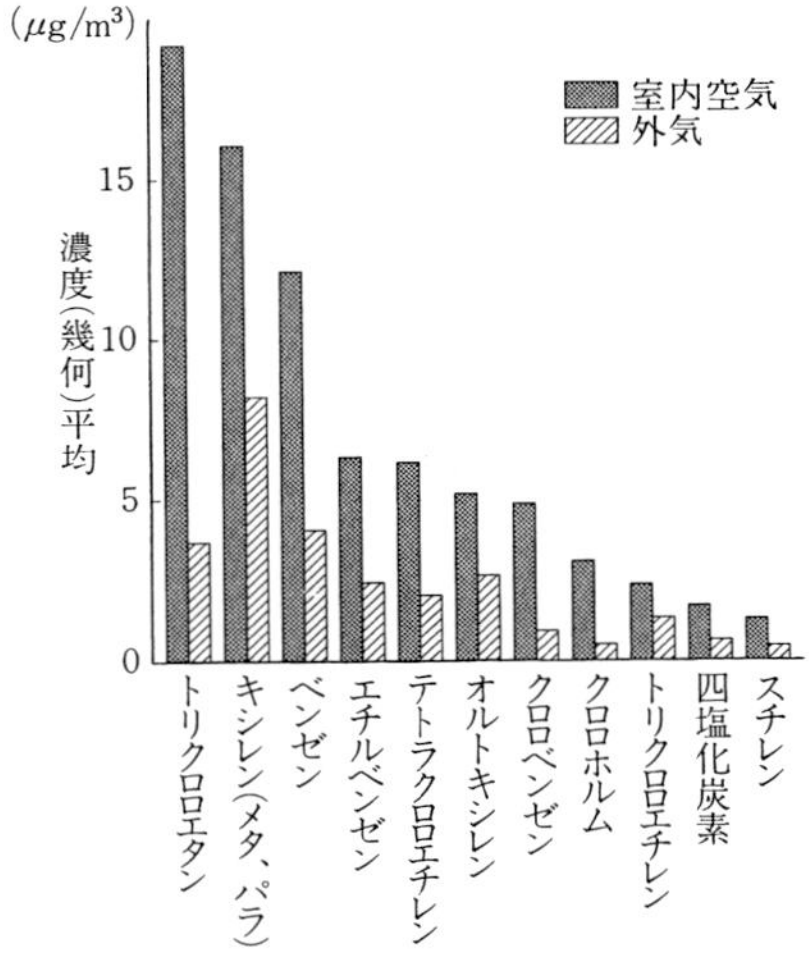

図8-2　外気と室内空気の比較

出典：Lance A. Wallace, "The TEAM Study: Personal Exposure to Toxic Substances in Air, Drinking Water, and Breath of 400 Residents of New Jersey, North Carolina, and North Dakota", Environmental Research, Vol. 43, pp. 290-307, 1987.

五倍高い。

②濃度が高いほどその比率は高くなり、しばしば一〇倍を超える。

③濃度は非常に変化し易く、三〜四桁も変化しており、そのことは室内に強力な汚染源があることを示唆している。

④これらの汚染源は多種で、ペイント、接着剤、洗浄剤、化粧品、その他の消費財と建物の材料などが含まれる。また、ドライクリーニング店を訪れるとか、熱いシャワーを浴びるというようなごく日常的な事柄も原因になる。

彼は書いていないが、日本の現状を見ればあらゆる殺虫剤、殺菌剤、消毒剤、防かび剤、難燃剤などが大きな要因となっているであろう。

われわれは、外気の汚染の制御とならんで室内空気のことも考えなくてはならない。しかし、規制するといっても室内空気の場合は、個人の空間だからその原理が非常に異なることになる。室内空気とは対極にあるが、大気関係の地球環境影響物質がある。炭酸ガスやその他の温暖化ガス、またフロンなどである。やがてはそれらも検討の対象にしたい。

大気汚染物質による発がん推定数を先に表8-1に示したが、これを他のルートからの同じ物質のリスクの大きさと比較してみよう。

まず、ベンゼン。水道水中の基準値は一リットル当り一〇μgでこの発がんリスクは10^{-5}である。つまり、10μg/1のベンゼンが含まれる水道水を、毎日二リットルずつ飲むと、一生涯で水道水中のベンゼンによる発がん率が一〇万人中一人となる。しかし、この基準値以上あるいは基準値に近い濃度のベンゼンで汚染された飲料用地下水や水道水はほとんど存在しない。一方、大気には、どこの空気にもベンゼンは含まれていて、大都市でほぼ 11×10^{-5}、中都市で 7.8×10^{-5}、郡部で 5.1×10^{-5} の発がんリスクを呈している。

次が四塩化炭素。これも水道水の基準値は 10^{-5} の発がんリスクで設定されているが、四塩化炭素が含まれる水道水は非常に少ない。一方大気はどうか？　それによる発がんリスクは、工場地帯近傍の住宅地では 3.4×10^{-5}、通常の住宅・商業地で 2.6×10^{-5}、バックグラウンドとも言える内陸・山間地でも 1.2×10^{-5} である。鈴木武夫さん（当時国立公衆衛生院顧問）を代表者とする研究班による、化学物質の人への侵入経路に関する研究結果（鈴木武夫他「生活環境における発がん関連物質への曝露実態の総合的把握と評価に関する研究」）によれば、四塩化炭素は一〇〇％大気経由であった。

クロロホルムは、飲料水、食事経由の量もかなり大きい。

1,2ジクロロエタンも、水道水の基準値の根拠は 10^{-5} の発がんリスクであるが、大気は工場・事業場の周辺のリスクは 24×10^{-5} である。但し、通常の住宅・商業地では 2×10^{-5}、内陸・山間地では 0.4×10^{-5} である。わが国の井戸水の調査では、検出率一％で最高値のリスクが 8.1×10^{-5} であり、これもまた、圧倒的に大気経由の寄与が大きい。ちなみに、これは塩化ビニルやその他の化学物質の製造過程で中間体として用いられ、また割合は低いが溶剤としても用いられる。

テトラクロロエチレンはパークロとして知られており、工場事業場の周辺で0.4×10^{-5}、住宅・商業地で0.15×10^{-5}、内陸・山間地で0.11×10^{-5}である。鈴木武夫さんらの前記の研究では、テトラクロロエチレンは空気で$0.11\sim27.7\times10^{-5}$、食事で$0.03\sim0.52\times10^{-5}$、水で$0.003\times10^{-5}$であると報告されている(摂取量を発がんリスクに換算したのは筆者)。ここでも、空気の経路の寄与が大きい。

やや変わった例としてベンゾ(a)ピレン(BaP)の例を挙げておこう。浮遊粒子に付着しているBaPの濃度は工業地帯と大都市で高い。大都市では大気経由のリスクは0.33×10^{-5}。河村太郎さん(当時横浜市衛生研究所所長)の報告(河村太郎「食料・栄養・健康'88」四〇〜五〇ページ)によれば、食品からの摂取は平均で0.93×10^{-5}、最高で7.8×10^{-5}であった。BaPはまず大気の寄与を考えるが、意外にも、食品の寄与が高い。もっとも、ここでは煙草の寄与はまだ考慮されていない。

重金属の大気経由の摂取量は、食品経由に比べ非常に少ない。但し、金属は化合物の形態によって毒性が非常に異なる。その意味では、モデルとして一カ所か二カ所でもいいから、大気中に含まれる重金属の形態を測定しないとリスク評価ができない。この種の調査がまだない。

大気環境のリスク管理原則

ここで大気環境基準値を設定するとすれば、どういう考え方で、どのレベルに設定すべきかを考えてみたい。当面、発がん性物質の人間の健康へのリスクだけを対象にして考える。

一つひとつの化学物質に対してリスク・ベネフィット原則を最初から適用すると、二つの点で問題がある。第一に、煩雑であること、第二に、現状肯定的になり、リスク削減の目標をどこにおくべきかが不明確になることである。そこでまずはリスク一定原則にしたがって、すべての物質に対して同じリスクレベルで環境基準値を決め、その後、リスク・ベネフィット解析を適用し、問題を検討して個々の物質の基準値の微調整をする。これを、当面の方針とする。

この手順に従うと、まず、すべての化学物質に対して適用する一定のリスクレベルを決めなくてはならない。このレベルはどのようにして決めるべきかを考えていこう。

一つの考え方は、水道水中の発がん性物質の基準値は、生涯発がんリスクでほぼ10^{-5}のレベルに決まっていること、水環境中の発がん性物質の基準値のレベルも同じなので、大気中の発がん性物質に対しても、10^{-5}を適用しようという考え方である。ここで、提案するレベルは、最初のたたき台であり、最終的にはリスク・ベネフィット解析で修正されるので、悪く言えば、どのリスクレベルでもいいという面がないわけではないが、できるだけ後で修正しないですむようにした方が、二段階で決めるメリットが生かせる。そのためには、水道が10^{-5}なら、大気も10^{-5}という考え方はやめた方がいい。つまり、最初のレベル設定の際に、水環境との違いが考慮されていることが望ましい。

もう少し、詳しく説明してみよう。個々の物質についての話ではないが、水環境そのものと大気環境そのものとの違いが、水中の化学物質と大気中の化学物質のリスク／ベネフィット（ΔR／ΔB）の値に影響を与えているに違いない。たとえば、水中の物質が大気中の物質に比べて、三倍除きやすいという特徴があれば、水中の化学物質の基準値が10^{-5}なら、大気のそれは3×10^{-5}が妥当ということになる。

個々の物質に対してのリスク・ベネフィット解析の前に、媒体としてのリスク・ベネフィット解析をしておくと、基準値の意味がはっきりするし、一般の人が見ても理解しやすい。また、すべての物質にリスク・ベネフィット解析ができない場合にも、一般則としての基準値を設定できる。それと、ここでは詳しく述べないが、規制の効果も大きくなるのである。では、それはどうやって求めることができるのだろうか？

まずは現状での水経由と大気経由の汚染物質の環境影響の度合いを出発点にすればいい。言ってみれば、現状の汚染状態は、特に規制が行われない状態での（ΔR／ΔB）を体現していると考えるのである。理屈は、そうだが、これを決めるのは非常に難しい。

まず、化学物質がどの環境媒体に存在するかという米国の調査結果から検討してみよう。米国は、環境中に移動する有害物の量・経路を、企業などの発生源に対し、記録し、公表することを義務づけている。これを、TRI（Toxic Release Inventory 毒物放出登録）という。この登録に基づいて計算した結果が、発表されているのだが、それによれば、四三％が大気、二一％が地下、一六％が別の場所、一〇％が公共下水道、土中が八％、表流水系が三％となっている。有害物の最大の逃げ道は大気ルートである。

しかし、この比率がいきなり健康影響になるわけではない。経路別の化学物質の摂取比率は、前章でも少し書いたが、ここでまとめておこう。化学物質総体の人間への曝露量の評価は難しいが、おおまかに次のようにまとめることができる。ここで、水とは飲料水を指し、水系の汚染で魚が汚染され、それを摂取するような場合は、食品経由と分類する。

①農薬については、八割が食品、一割が大気、一割が水（根拠は、WHOが水道水質基準を決めるときのデータなど）。②揮発性有機物については、一割が食品、八割が大気、一割が水。③自動車排ガスについては、一〇割が大気。③重金属については、八割が食品、一割が大気、一割が水（鉛については水の寄与が大きい）。④消毒、防腐剤、食品添加物などは、七割が食品、一割が大気、一割が水。このデータで、全体の量を推定することはできないが、大きな傾向としてもっとも大きいのが食品、次が大気、それから飲料水というのは分かる。但し、これだけのデータでは経路別の健康影響への寄与の定量的推定はできない。

がんの原因は何か

しかし、いくつかの調査データを組み合わせると、経路別の化学物質による発がんリスクの大

表8-2　がんによる死亡原因の割合

がん死の要因	すべてのがん死に対する割合(%) 推定値	すべてのがん死に対する割合(%) 推定値の範囲
たばこ	30	25　～40
アルコール	3	2　～　4
食物	35	10　～70
食品添加物	<1	−5　～　2
出産や性的な習慣	7	1　～13
職業	4	2　～　8
環境汚染	2	<1　～　5
工業製品	<1	<1　～　2
医薬品と医療	1	0.5～　3
地球物理学的な要因	3	2　～　4
感染症	10 ?	1　～　?
未知	?	?

出典：R. Doll and R. Peto, "Journal of National Cancer Institute", Vol. 66, pp. 1192-1265, 1981.

ざっぱな比較はできる。それをやってみよう。

その前に、環境影響とは限らず、がんの原因を推定した研究があるので、それを紹介しておこう。環境汚染の影響の大きさを知っておくのはいいからである。ドールとピートーによる、「がんの原因：今日の米国での取り除くことのできるがんリスクの定量的な推定」と題する論文は、A4判で七五ページの膨大なものである。発表年は、一九八一年でやや古いため、最近の研究成果が含まれていないし、研究の根拠が疫学調査で、動物実験の結果は使っていないので、環境汚染の影響の中身の評価には使えないが、環境汚染と他の要素との大きさのおおよその比較はできるだろう。

かれらの論文から引用して、がんによる死亡原因（但し、取り除くことができる原因についての解析）の割合についての結果を表8-2に示す。もっとも大きいのが食物、それからたばこ、この二つが断然大きい。次が、感染症、出産や性的な習慣、そして職業。環境汚染は二%となっている。

環境汚染の割合が低いのは、疫学調査の方法では、低濃度ではあるが多種の化学物質の曝露によるような環境汚染の影響を測りにくいことも影響しているが、喫煙、食物（自然食品に含まれている、調理で生成する、貯蔵中に生成するなど）に比べると桁違いに小さいことも事実なのである。

私は、環境汚染を減らそうとしてこの小論を書いているのだが、しかし、いま議論している環境汚染とは、食品や喫煙にくらべると、一桁くらい小さい危険性だということをふまえておいた方がいいと思う。危険を訴える本というのは、そこで取り上げている危険性が、一番大きいように書かれていることが多いが、私はこういう書き方や議論が好きでない。いつも、全体を見つつ、その大きさを認識しつつ、その大きさに対応した対策をたてるのがいいと思う。亜硫酸ガスを取り上げるときは、それがすべてのように言い、車の公害を取り上げるときはそれがすべてのように言うような考え方や訴え方は、少なくともこれからの環境問題の解決にはそぐはない。ただ、この表が一〇〇％正しいわけではないので、その点も注意を要する。

ここで、私は喫煙を環境汚染とは別に論じているが、実はこれは室内環境汚染の最も大きな要因である。したがって、喫煙を含めると、環境汚染の比率は非常に上がる。少なくとも、がんに関する限り、喫煙対策を行わないとすれば、他の環境対策はほとんど無意味になるくらい大きいのである。

次に、環境汚染が原因となるがんの中で、経路別の寄与はどのくらいかを考えてみよう。

まず、水道水について。ブルは、一九九〇年の論文で、塩素処理副生成物の発がんリスク（生涯リスク）が米国の水道水の平均値で、1.4×10^{-4}と報告している（R. J. Bull et al., Crit. Rev. Environ. Contr., Vol. 20, pp. 77-113, 1990.）。私は、『水の環境戦略』（一七一ページ）の中で日本での金町モデルの水道水の発がんリスクは、1.2×10^{-4}であるという推定をしたが、これと米国の平均値とは非常に近い（これは、塩素処理副生成物の寄与分だけで、農薬などの寄与分は計算されていない）。米国人の半分は飲料用に地下水を用いており、本当は人口の半分をかけ合わせるのが正しいが、井戸を用いる場合にもリスクがあるので、ブルの計算したリスクに米国の全人口をかけて、水道水による全リスクとし、それを七〇年で割って、一年間当りの発がん数を計算すると四八〇人になる。

前節の表8-1に示したが、大気汚染による発がん推定数は、米国で年間一七二六〜二七〇六人となっている。

また、米国科学アカデミーは、一九八七年に食品経由の残留農薬による発がん数を年間二万人と推定している（動物実験を基にした推定。植村振作他『農薬毒性の事典』二三八〜二三九ページ、三省堂、一九八八年）。

水道の場合も、大気の場合も、まだ考慮しなければならないものがあるが、特に食品経由の場合は考慮すべきものがかなり残されている。しかし、ここでの主題は飲料水と大気との比較なので、食品については、かなり大きいということだけにして先に進む。

上の根拠から、大気経由のリスクの大きさは、水道水のそれに比べ、三・六(＝一七二六／四八〇)～五・六(＝二七〇六／四八〇)倍となる。これを、五として、これから後の考察を進める(これだけが根拠ではやや心許ないが、曝露量のデータなどからも、この範囲は妥当と思われるので、これを使う)。

『水の環境戦略』(一六九ページ)で私は、化学物質によるリスクを、水道二%、大気六%、その他二%、食品九〇%という仮定をして、リスク配分率を決めたのであるが、その際の比率もここでの計算と同じようにして決めたのである。但し、時を経てはじめて発がん性が明らかになるものがある一方で、水道の方は規制が先に進んでいるという事情でリスクが減っているので、その比率は少し変わっている。しかし、大きな傾向は変わっていない。

飲料水中の発がん物質の基準値は、最高値で発がん率10^{-5}(平均値で0.6×10^{-5}程度。但し、生涯発がんリスク)のリスクレベルで設定されている。とすれば、出発点として大気中の化学物質の環境基準値は、最高値で5×10^{-5}、平均値で3×10^{-5}で設定することがいいと考える。発がん性物質の環境基準値は事実上年間平均値しか意味をもたないから、年間平均値で3×10^{-5}のリスクレベルを環境基準値とする。これが、私の提案である。

表 8-3　大気環境基準値(年平均)　　($\mu g/m^3$)

国など	中西の提案	オランダ***		スウェーデン***
リスクレベル(生涯発がん率)	3×10^{-5}	最大許容 10^{-4}	最終目標 10^{-6}	現行
ベンゼン	4	10	1	1.3
1,2 ジクロロエタン	1.5	—	1	400～600
エチレンオキサイド	0.3	—	0.03	0.09
エチレン		(300)*		0.6
メチレンクロライド	1	—	20	340
BaP**	8	5	<0.5	—
トリクロロエチレン	25	50	50	—
クロロホルム	20	—	1	—
テトラクロロエチレン	4	2000	25	670
四塩化炭素	1	—	1	—
塩化ビニル	5	—	1	2.6～5.1

注：*(　)内は最高値
**単位は，ng/m^3.
***オランダとスウェーデンの値は，OECD(1993)，"Control of Hazardous Air Pollutants in OECD Member Countries, Summary Report and Seven Country Surveys" より.

他国との比較

次に、ここで私の提起する環境基準値と、他の国での環境基準値がどの程度一致するのか、また違うのかを検討しておこう。表8-3を見ていただきたい。第二番目の欄が、3×10^{-5}の生涯発がんリスクレベルで環境基準値を求めたときのそれぞれの物質の濃度である。例えば、ベンゼンは4$\mu g/m^3$になる。表9-1(一六〇ページ)に示したように、わが国でのベンゼンの測定値(算術平均値)は一〇〇万以上の人口の都市で、13.1$\mu g/m^3$、三万以上一〇〇万未満で9.2$\mu g/m^3$、三万未満で6.1$\mu g/$

m^3となっている。ここで、提案した環境基準値の二〜三倍である。

表8-3の三番目の欄には、オランダで提案されている大気環境についてのガイドライン値を示した。左側は最大許容濃度で、がんによる生涯死亡確率を10^{-4}にするように設定するとしている。もし、計算の根拠などが同じなら、私の提案値の三・三倍の筈である。ベンゼンの場合は、私の数値が4 $\mu g/m^3$で、オランダが10 $\mu g/m^3$であるから、二・五倍である。体重のとり方、吸気量のとり方が国によってすこしずつ違うので、この場合は基礎になっている毒性データは同じと思われる。オランダは、最終目標値も設定していて、それは生涯リスクで10^{-6}にするとしているが、もしそうなら、ベンゼンの場合0.1 $\mu g/m^3$である筈だが、現実には1 $\mu g/m^3$となっている。目標とするリスクレベルは10^{-6}だが、実現可能性(feasibility)を考慮して融通をつけていると思われる。オランダの場合、なぜ最大許容レベルを10^{-4}にし、最終目標値を10^{-6}のリスクレベルにするのかについての説明はない。

序章(一六〜一七ページ)でも書いたが、米国(大気環境についてはまだ決まっていない)もオランダも、リスク・アセスメントを用いて、基準値を決めているが、必ずしもリスク・ベネフィット解析に立脚していない。10^{-6}とか、10^{-4}なら許容できるほどの小さなリスクだという解釈をして、使っていることが多い。その後で、実現可能性研究をして調整するので、その意味はリスク・ベネフィット解析に近いが、理念的にはやはり違う。その点、私は徹底的にリスク・ベネフィット的な理念を貫こうとしている。

最後の欄は、スウェーデンの現行のガイドライン値である。ベンゼンは1.3 μg/m³である。他の物質の場合も参考にして考えると、スウェーデンは生涯発がんリスク10^{-5}を一つの目安にしてガイドライン値決めているのではないかと思われる。

ベンゼン以外の物質では、私の提案と、他の二国の値の三つの値の違いが大きい。これは、毒性データの違いによるものであると思われる。特に、スウェーデンの場合は、決められた年代が古く、その年代のデータを反映している思う。私の使っている毒性データについても、再検討が必要である。ここではいま手にはいる毒性データを用いればこういう数値になるという意味で数値を掲げているぐらいに解釈して欲しい。

第9章　ベンゼン

ベンゼンの大気中の濃度とリスク

前章で、私は大気中に含まれる有害物質についての環境基準値の目標値を提案した。発がんリスクで言えば、3×10^{-5} の生涯発がん率（この場合一生涯にがんにかかる率は一〇万人に三人）を大気の環境基準値（平均値）にしようというものである。この章では、この意味をベンゼンという具体的な物質に即して考えてみることにしよう。

ベンゼンの大気中の濃度とそれから予想される発がんリスクの推定値は、表9-1に示すとおりである。

この数値は日本で行われた環境調査の内でもっとも信頼できるものであるが、それでも全体で測定値は六六回しかない。その意味では、これが本当に日本の平均値を示しているのか疑問であるし、もっとも汚染された区域が含まれていない恐れは十分ある。しかし、ここでは一応この結果を日本の平均値としてまず考察し、最後に、より汚染された地域について考えることにする。

表9-1に示したごとく、ベンゼンによる発がんリスクは年間一三三人と推定される。

表 9-1 大気中ベンゼン濃度とそれによる発がんリスク

都市の規模（人口）	対象人口（万人）	ベンゼンの濃度算術平均値*（$\mu g/m^3$）	発がんリスク（10 万人中の発生人数）	がん発生数（人／年）
100 万以上	2480	13.1	10.5	37
3 万以上 100 万未満	7120	9.2	7.4	75
3 万未満	3000	6.1	4.9	21
全体	12600	—	—	133

* 三浦卓也『日本リスク研究学会第 4 回研究発表会論文集』1～5 ページ，1991 年.

第5章で、私はリスク評価の不確かさについてふれた。では、ベンゼンでのこのリスク評価は、どの程度の不確かさがあるかを検討しておこう。

前章でも書いたが、発がんリスクを求めるには、その物質の発がんポテンシー、曝露量、影響を受ける人口の三つのデータが必要である。このうち、もっとも問題なのが発がんポテンシーの値である。発がんポテンシーは通常二通りのデータを基礎にして求められる。一つはラットなどを用いた動物実験、もう一つは人間集団における病気のケースを対象にした疫学調査での、曝露量と発がん率（またはがんによる死亡率）との関係である。それらはいずれにしろ曝露量が高い集団での実験または調査結果であるが、われわれが欲しいのは、より低い曝露量での曝露量と発がん率との関係であるから、なんらかのモデルを使って外挿しなければならない。その過程で、大きな不確実性が生じてくる。既に九三ページで述べた。

しかし、動物実験を基礎にする場合に比べ、人を対象とする疫学調査を基礎にする場合には、その不確実さはずっと小さくなる。

動物実験では、動物と人間を同じと考えていいかという問題が常にあるが、少なくとも疫学調査は、人にがんを起こすということから出発しているので、確実さが増す。しかも、動物実験の場合ほど高曝露ではないので、外挿の範囲も概して狭く、その点でも確実さが増すのである。

ベンゼンについての発がんポテンシーは、人の職業曝露についての結果を基にしているのと、ベンゼンによるがんは白血病という特色のあるがんであることから、ベンゼンについてのリスク評価の結果はかなり確度の高いものと言えるだろう。

この点について、国立公衆衛生院労働衛生学部長内山巌雄さんは、一九九一年の日本リスク研究学会で発表された論文の中で、通常のリスクアセスメントの手法で推定したベンゼンによる白血病(がんの一種)死亡数と現実の白血病発生数とを比較して、ガソリン中のベンゼンによる寄与が一〇%程度ではないかと推定している(内山巌雄、横山栄二「化学物質規制におけるコスト・ベネフィット分析法の応用について(Ⅱ)――ケーススタディ、ガソリン中のベンゼン――」『一九九一年度日本リスク研究学会第4回研究発表会論文集』六五~七〇ページ、一九九一年)。リスク・アセスメントで出された数値は、現実の病死数と比較できるような性質のものではないと考えていただけに、これには驚いた。その辺りを、内山さんに聞いてみた。

「ベンゼンは人の職業曝露についての疫学調査を基にして算出されたユニットリスク(発がんポテンシーと同じ)の値ですので信頼性は他の物質に比べて高いのではないかと思うんです。福富和夫先生(元国立公衆衛生院統計学部長)が、最近高齢者の白血病が増えている、その理由がはっきりしないが、ガソリン中のベンゼンで説明できるかもしれないと言われてまして、そういうこともあるのかなと考えているんです。環境影響はそれが現れるまでに、一〇－二〇年かかりますし、丁度ガソリンの消費量が増えてきた時期と適うんです。但し最近は、喫煙によるベンゼン吸入量が多いのも問題です」。

次に、このリスクを削減するためのコストについて考えてみよう。これについては、すでに出光興産㈱がベンゼンを削減しているので、そのデータを使うことができる。出光興産は、このために五つの製油所に五〇〇億円投資したと雑誌や新聞等で発表している。

この種の計算をするときに私が通常石油化学プラントについて用いる仮定（耐用年数二五年、利子率五％）で初期投資分を計算し、それにランニングコスト（施設修理費、エネルギーコスト、人件費、原料費）を加えてみると、ガソリン一リットル当り〇・八円程度ではないかと思われる（保険、税金などは通常こういうコストの対象にしていない）。一応、これを基礎に以下の検討をしよう。

この装置の導入によって、ガソリン中のベンゼンは、全ガソリンについての平均で二・二五％から、〇・六％に減じたという（これを対策のレベルⅠとする）。つまり、七一％減じて二九％になった。これで、排ガス中のベンゼンがこの比率で減るかというとそうではない。ベンゼン以外の物質からベンゼンが生成するからである。そのことを考慮すると、こういう変化で排ガス中のベンゼン濃度は三七％程度に減少すると推定される。

ここで、そもそも先の発がん数に利いているベンゼンはどこからでたものかを議論しなければ

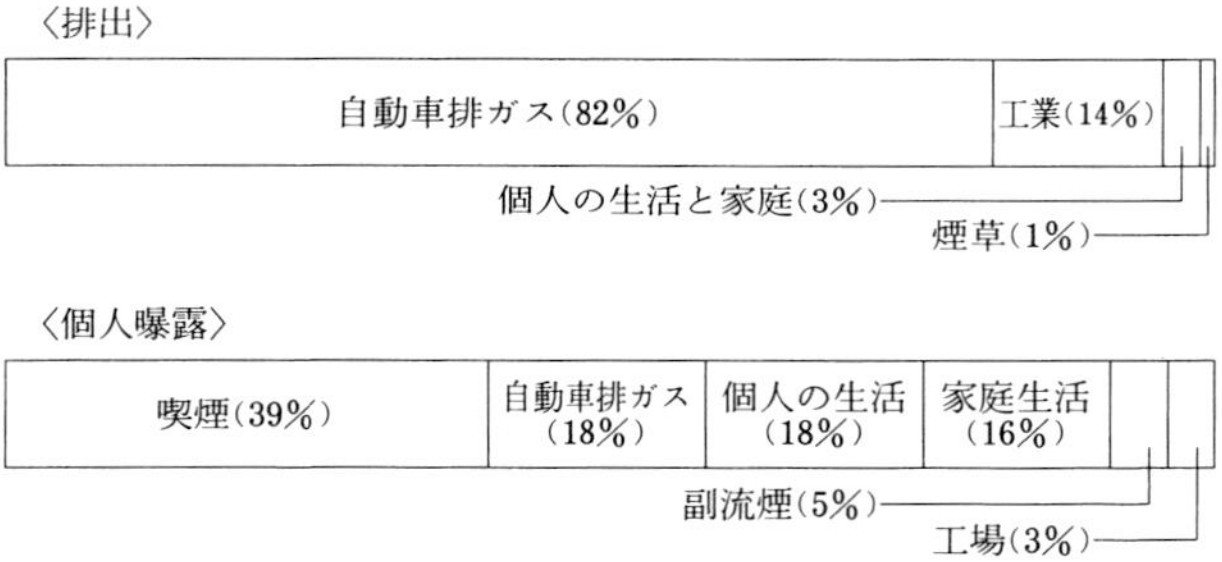

図 9-1 ロサンゼルスにおけるベンゼンの排出と個人曝露の原因の割合.
資料：D. J. Paustenbach, Environmental Health Perspectives Supplements, 101(Suppl, 6), pp. 177-200, 1993. を基に作成.

ならない。わが国の化学工業でのベンゼンの消費量は、ここ数年、年間二五〇万トン以下である。工業用のベンゼンは、プラスチックの原材料などとして使われているが、その内どの程度がリークしているかについてのわが国でのデータはない。

横浜国立大学環境科学研究センターでは、ここ一〇年ほど千葉県市原市にある石油化学コンビナートの大気汚染の調査をしている。その中での最高値は608 $\mu g/m^3$で、通常の大気中ベンゼン濃度に比べれば、かなり高い。しかし、その影響範囲は狭く、石油化学コンビナートからのベンゼンが都市大気に影響を与えているとは考えにくい。

一方、ガソリンが原因で大気に出されたと推定されるベンゼンの量は、一九九一年で二万トンと推定される。今後の調査は必要であるが、大気中に出るベンゼンについては圧倒的にガソリンの寄与が大きいであろうことは想像に難くない。

表9-2　レベル1の対策の結果

都市の規模（人口）	ベンゼン濃度（$\mu g/m^3$）	発がんリスク（10万人中の発生数）
100万以上	6.5	5.2
3万以上100万未満	4.6	3.7
3万未満	3.0	2.4
激甚地域（仮定）	14.8	11.8

図9-1は、米国のロサンゼルスでの調査結果で、上側が大気中への排出の割合を示している。これによれば、自動車の排気ガスが八二％、工場が一四％である。図9-1の下側は、室内にいるときも含めての、個人のベンゼンの曝露量の割合を原因別に示したものである。これを見ると、室内曝露を考慮すると、自分で吸う煙草の割合が一番高く三九％で、副流煙による分が五％となっている。米国と日本では事情はかなり違うが、個人曝露で煙草の影響が大きいことと、大気中では自動車排ガスの影響が大きいことは、日本でも同じであろう、と思われる。

煙草の煙中のベンゼン濃度が高いということは、各種の燃焼施設がベンゼンの発生源になり得ることを示唆していて、焼却炉の多い日本では、焼却炉についての今後の調査が望まれる。

これらを考慮して、大都市の場合は内山巌雄さんらの論文（前掲内山・横山論文）にならってガソリンの寄与を八〇％としておく。一〇〇万都市の大気中のベンゼン濃度の算術平均値は、表9-1によれば13.1 $\mu g/m^3$である。レベルIの対策を施すと、表9-2に示したように6.5 $\mu g/m^3$で、私の提案した環境基準値4 $\mu g/m^3$を守れない。三万以上一〇〇万以下の都市でも、4.6 $\mu g/m^3$で、四にきわめて近くなるが、やや高い。人口三万以下の都市では、ほぼ3 $\mu g/m^3$になり、提案されている環境基準値より低くなる。

では、極端に高い地域はどうなるであろうか？　残念ながら系統的な調査結果はないが、表9-1に引用した文献では、もっとも高い値(スポットの測定値)は30.7 μg/m³である。また、川崎市の道路上で44.2 μg/m³という測定値があるので、年平均値でベンゼンの濃度が40 μg/m³になるような居住区(東京都の平均値の約三倍)があるとの推定で検討した方がいいだろう。とすれば、レベルⅠの対策が施された場合には、14.8 μg/m³程度になる。

環境基準値は妥当か？

つぎに、リスク・ベネフィット手法から見て、このレベルⅠの対策は妥当かを検討してみよう。リスクの方をがん発生数で表現すると、(ΔB／ΔR)は一人のがん発生を削減するための費用となる。現在、がんの治癒率は向上してきており、発生数＝死亡数ではないが、がんは特別の治療をしなければ死に至る病気であるので、私は治療費などを考慮することなく、むしろ発生数＝死亡数として考えた方がいいという立場をとっている。とすれば、この場合の(ΔB／ΔR)は、環境対策における(貨幣価値で表現された)人の命の価値ということになる。そのためには、その目的達成のために施された施策により削減されるリスク量ΔRとそのためのコストΔBを計算しなければならない。

すべてのガソリン中のベンゼンにレベルⅠの対策が施されたとすれば、先の年間一三三人とい

う発がん数は、

133×0.8×0.63＝67人

減少する。そして、このために使われる費用が、

0.8（円／リットル）×458（億リットル）＝366億円

である。これを、一人当りに直すと五・五億円になる。つまりここで検討しているレベルⅠの対策では、（ΔB／ΔR）は五・五億円となる。

この値がいくつであるべきかについては、これまでの環境対策のレベルに準拠し、それが達成されればまた、やや高目の目標を持てばいいというのが私の主張である。では、現在のわが国の環境対策のレベルはどの程度であろうか。

がん一ケース（一人の意味）当り数億円というガイドラインに従えば、今回のレベルⅠの対策は五・五億円であるから、経済的には無理がない。しかも、技術は普及するとさらに費用が低くなるのが普通であるから、費用の点ではこの種の規制をかけることは合理的である。一リットル当り一・五円かかったとしても（ΔB／ΔR）は一〇億円になるので、このくらいまでなら、それほど無理な対策とは言えない。

次に、検討すべきは、ガソリン中のベンゼンを減らしても環境基準を満たせない時に、この環境基準値の方を緩和すべきか、それとも、環境基準を満たすように規制などの対策を強化すべきかということである。

これは、二つの方向から検討しなければならない。一つは、環境基準値達成のために非常に費用がかかる見通しがあれば、緩和することがあり得る。もう一方で、平均値とは別に非常に汚染のひどい地域があれば、費用がやや高くても規制をしなければならないことになる。

第一の点については、現在の方法で達成されるであろうレベルと、環境基準値とにそれほど大きな乖離がみられないので、基準値を緩和する必要はないだろう。但し、達成時期の目標については、考慮した方がいい。

第二の点については、一つの物質がもたらす生涯発がんリスクで、個人が10^{-4}以上にならないようにするという目標を設定するのがいい。これは、先に定めた環境基準値の三・三倍である。米国やオランダ等で、一つの物質によるリスクでは、個人が避けるべきリスクレベルとして、この値を採用しているからである。先に書いたように、激甚区の大気中の濃度を$40\ \mu g/m^3$とすれば、このリスクは3.2×10^{-4}に相当し、今回のレベルIの対策で、1.2×10^{-4}程度に低下し、ほぼ目標値を達成できるが、ここで提案している環境基準値を緩和できるほどのゆとりはない。

以上の考察から、ベンゼンの例で見ると、私の提案した環境基準値は妥当と結論できる。

米国では、かなり以前からベンゼンの規制が始まっている。ガソリンについては、汚染のもっともひどい七都市で、一九五五年までにガソリン中のベンゼンを一%(体積比)以内にすることが決っている。この際も、コスト・ベネフィット解析が行われたのであろうが、今のところ筆者はそれを目にしていない。

表9-3　ベンゼンの排出を規制した例(米国)

作　　業	個人の最大リスク(生涯発がんリスク，対策前)	全米でのがん発生数(人/年)	1人のがん発生を削減するためのコスト(億円/人)
①ベンゼン積み替え	6×10^{-3}	1	31
②ベンゼン廃棄物操作	2×10^{-3}	0.6	158
③コークス炉副産物回収	6×10^{-3}	3	9.8

注：1 US$＝100円として換算した.
出典：Federal Register, Vol. 55, No. 45, pp. 8292-8361, March 7, 1990.

一方、数年前からはじまった産業関係の規制では、表9-3に示すような例がある。第一番目の欄が作業場の種類、二番目がそれによって受ける個人リスクの最高値(生涯発がんリスク、職業曝露ではない)、そのために全米に発生するケース数(人数)、最後が一人削減のためのコストで、一ドルを一〇〇円として換算した数値である。費用は検討されているが、個人リスクが10^{-3}を超えている場合は、ある程度費用がかかっても規制するという立場のようである。同じFederal Registerには、規制されないケースも掲載されている。

その他の物質についてもベンゼンと同じように検討するのが望ましいが、現実にはすべてのケースについて、削減費用まで検討していると時間がかかるので、その他の発がん性物質については、3×10^{-5}の発がんリスクで環境基準を決め、対策や具体的な排出規制は時間をかけて検討してもいいと思う。

私は個々の物質についての規制をするだけでは、現状の汚染の進行に歯止めがかからないことを、何回か述べた。

オランダは、個々の物質の規制リスクレベルの一〇倍を、全化学物質によるリスクの上限値にしている。つまり、個々の物質についての最大許容リスクレベルを10^{-4}に、すべての物質についてのリスクの和の最大許容レベルを、10^{-3}としている。この考え方は、私が『水の環境戦略』で主張したことと同じである。したがって、これを目標にしよう。そして、個々の物質について必ずしも他と同じリスクレベルの基準値を守れなくとも、あるいは基準値の設定が出来なくても、そのことにこだわるより、全体としてのリスクレベルを下げるように運用した方が、合理的な資源配分ができるのは、水の場合と同じである。

ここまでは、物質が分かっている場合の話であるが、水道水の塩素処理副生成物のように、疑わしいのであるが、個々の物質の検出、同定と毒性評価ができないために規制ができないような場合は、どうしたらいいだろう。

自動車排ガスや、焼却施設からの排煙が、これと同じ問題をもっている。特に、自動車の排ガスはまさに、都市の空気の質を支配しているので、その中の成分一つひとつの毒性などが分かるまでは規制できないという立場をとってはいられない。少なくとも排ガスについては、その集団としての削減目標を持たなくてはならない。何もデータがない場合でも、排出有機物の一割削減とか、排出芳香族化合物の一割削減というような総量規制的な目標は立てられるであろう。

規制以外の手段の効用

ここまでは、環境基準を設定するとすればという前提で議論してきた。しかし、リスク評価手法は、常に規制と結びつけることがいいのではない。むしろ、規制以外の手段で環境リスクを減らす方が、合理的であることが多い。規制以外の手段を使うためにこそ、リスク評価手法が必要だとも言えるのである。

規制以外の方法とは何だろうか？　ひとつは、企業が自主的にリスク削減をすることを奨励することである。二通りの奨励の方法がある。一つは、リスク削減にともない、税金が軽減されるとか、或いは報奨金が与えられるような仕組みである。もう一つは、消費者が率先して環境リスクの小さい商品を買うことによって、企業としての経済的な利益があがるような仕組みである。どちらの場合も企業、行政、消費者に商品の製造、使用、廃棄に伴うリスクの大きさが分かっていることが前提である。そういう条件下で、どちらが望ましいかと言えば、リスク削減効果が上がるなら後者に違いない。もし、消費者の環境への意識が高ければ、これほど民主的な仕組みが他にあろうとは思えない。現実には、消費者の意識はそれほど高くはないと思われているから、前者の方法、またさらに高圧的な手段である規制が用いられるのである。しかし、本当に消費者の意識が低いかどうかはまだ分からない。なぜなら、国民は分かるはずがないという前提で、リスクに関する情報が全く消費者に伝達されていないからである。しかし、今後はより緩やかな方法で環境リスク削減が図られなければならないし、それこそ民主主義を基礎として環境政策であろう。

しかし、直接規制以外の仕組みを動かして環境リスクを削減するには、その仕組みを動かすために、どうすればいいか、いや、どのように変えればいいかを考えなくてはならない。消費者に同じ値段や機能なら環境リスクの少ない商品を買ってもらう、或いはやや高くても環境リスクの小さい商品を買ってもらうためには、やはり環境リスクに関するコマーシャルが必要だし、多くの公的な機関がそれを支援しなければならない。

出光興産は、一九九三年の暮れからゼアス(地球の意味)というベンゼンの少ないガソリンの販売を始めた。ゼアスの発売と同時に、「空気にもやさしい環境性能をもったガソリン」というコピーで大々的なコマーシャルを始めた。しかし、どうして空気にやさしいか書いていない。私は、あるところに「なぜ環境にいいか、ベンゼンを減らしたから環境にいいと書くべきだ」と書いたことがある。それがそのまま通じた訳ではないだろうが、一九九四年の春頃から「発がん性のベンゼンを減らした」「有害物のベンゼンを減らした」などのコピーが出るようになった。私は、この態度を高く評価している。

この間の事情を、出光興産販売部販売技術課長深田英則さんに聞いてみた。

「何故ベンゼンを減らすという目標を持つことになったのですか」という私の質問についての

答えは以下の通りであった。

「今から五年ほど前、『これからのガソリン品質はどうあるべきか』の検討を始めたのですが、運転性能の点では現状で十分と考えていましたから、次は環境のことを考えようということになりました。環境対応なしには、これからの企業はやっていけないという認識でした。一九七八年の排ガス規制では、石油会社もガソリンの無鉛化などの対応をしましたが、基本的には自動車メーカーの対応に負うところがほとんどでした。『石油会社としてできることは何か?』という発想で考えてみました。ベンゼンには発がん性が指摘されてますので、これを削減することを本格的に検討しました。早いかな? という気持ちもありましたが、一九九〇年米国で大気浄化法の改正があり、ガソリン中のベンゼン規制が盛り込まれたこともあり、この検討の方向性は間違っていないと確信しました。そして、一九九一年の夏に社内でのゴーサインが出て、設備の建設が始まりました」。

「最初の頃のコマーシャルは及び腰だったのではないですか?」の私の問いに対しては、「ゼアスの発売前、ベンゼンの発がん性についてどのように表現すべきか社内で随分議論しました。言い方によっては、ガソリンのイメージを逆に悪くしてしまうのではないかという意見もありました。そのようなことから発売時は『環境への影響を配慮したガソリン』という表現に留めました。しかし、具体的に何を配慮したのか表現していませんので、今年(一九九四年)の春から『有害物質ベンゼンを削減』とコマーシャルで伝えるようにしました」とのことであった。

出光興産は、ベンゼン削減のために、五〇〇億円投資したと言う。それは、なまじの決意でできるものでないだろう。ベンゼンを減らすことはしたが、それがゼロになった訳ではない、とすれば、そのことを宣伝していいのかという悩みは深かったに違いない。また、そもそも自動車が多くの環境汚染物質を出しているではないか、石油自体が環境汚染の元凶だ、何をきれい事言ってるのかという非難も浴びせかけられるという。ここにも問題がある。環境を良くすると言っても完全はあり得ない、リスクゼロはありえないから、改善があるだけである。もし、市民がリスクに関する情報を聞きつけると、水銀やダイオキシンのように是が非でもゼロを要求するなら、企業はリスクに関して貝にならざるを得ない。しかし、もしそうであるなら、企業は率先して環境対策はできない。なぜなら、環境対策のための資金を回収できず、経営は苦しくなってしまうだろう。環境対策をしない企業が競争に強くなってしまうからである。

市民だけではない、国や地方自治体の機関や、大学や研究所、それにマスコミも企業の環境対策をどのように支援するかを考えるべき時がきているように思う。これまでこの種の機関は、公平を旨とし様々なことで企業の名前を出さないということが多い。しかし、消費者が環境リスクの小さい商品を選ぶことができる情報は、商品名抜きでは意味がない。むしろ、積極的に商品名を明らかにしていく努力が必要ではなかろうか。

合併浄化槽のことで、同じ経験をしている。合併浄化槽は一戸一戸につける下水処理槽で、私は個人下水道とよんでいる。原理的には、この処理機能は高いが、現実の商品が機能が高いかと言えば、疑問である。処理槽の機能の向上に手を抜き、処理機能の低い浄化槽を売る企業ほど、ダンピングをして安くできるので競争に勝ってしまう。それを防ぐために、監督官庁の建設省や厚生省は、微に入り細をうがった規則(技術指針)を作って対応してきた。しかし、これでは技術が固定化して全く進歩しない。技術というのは、競争の中で日進月歩するものである。では、どのように技術競争を奨励するか? それは商品の機能が絶えず公表されることによってはじめて可能になる。ところが、それを監督している役所が、機能の悪い機種を公表しない。マスコミも公表しない。大学関係者も後難を恐れて公表しないから、結局機能の悪い機種が残ってしまう。私は、この状況を打開したいと思って、積極的に企業の名前を公表して、処理機能の検査結果を発表している。これは一定の役割を果たしていると思うが、一人や二人の力で世の中が変わるわけではない。

環境対策を規制だけで進めることはいろいろな面で難しくなりつつある。しかし、規制だけにたよらずに環境保全の実をあげるには、この社会に生きる一人一人が参加しなければならず、今までとは違う役割を担わなければならないのである。そのためには、NHKは企業名を出さないというようなルール自体が見直されなければならないことを知ってほしい。

消費者が環境リスクの小さい商品を選べるようにという配慮から、エコマークがつけられている。これは、行政機関が関与して消費者が賢い選択ができるようにしている制度であり、これからはもっと活用されるべきだろう。エコマークの採択の基準には、リスク・アセスメントのような統一的な考え方や、評価のシステムがあってもいいと思うが、実はそれがない。何を基準にしているか聞きたいところである。先の出光興産が、ベンゼンの少ないガソリンにエコマークの申請をしたが、認められなかった。理由は、問題が大きすぎるというものであったという。ガソリンの質の問題は大きい、だからこそ、実行するのではないのか。エコマークが本当に国の産業地図を塗り替えるかもしれない様なときには、怖くてつけれられないというような態度では、合理的な環境対策はとれない。リスク論を使う前提は、それによって国の政策を行うことである。国を変えることである。

室内空気のこと

大気汚染のことを考える場合、どうしても室内空気のことに触れておかなくてならない。図9-1からも分かるように、そして第8章に他の物質についても示したように、かなりの物質について、外気の汚染より室内空気による汚染の影響の方が大きい。そして、多くの場合、室内空気の対策費の方が安い。つまり、室内空気の汚染対策をとらずに、外気の対策ばかりに精を出しても効果が上がらないし、資源や資金のムダ使いであるとも言える。では、室内空気も大気汚染と同じように規制すべきであろうか？　そうではない。個人のリスク・ベネフィットの問題だからである。したがって、基本的には個人の選択に任すべきことである。つまり、大気汚染とは別の原理で対策が考えられなければならない。しかし、その寄与が大きいので放置はできない。そのためには、まずその健康への影響をきちんと表示させることが肝要である。何らかの目標値を定め、商品管理をする必要もあろう。しかし、その際もあくまでも、リスク・ベネフィットの最後の決断は消費者個人ができるような柔らかいシステムが必要である。

第10章　ノックスのリスク

研究者の減少

水質汚濁については、二〇年以上も考え続けてきたが、大気汚染についてはやや距離をおいてきた。無関心というわけではなかったが、大気汚染の専門家の方がずっと多かったこともあって、自分が出る必要はないと思っていた。

しかし、最近になって、大気環境のことが気になりはじめ、大気汚染関係の雑誌や書物にざっと目を通してみた。その作業を通して感じたことは、大気汚染の研究が固定したいくつかのグループで行われていて、新規参入者が非常に少ないということであった。水関係の研究者は、近年増加の一途を辿っているので、これにはかなり驚いた。もっとも、二酸化炭素による地球の温暖化やフロンガスの影響、農薬の広域汚染など、新しい大気汚染の研究は、別の分野に吸収されているので、タテ割的な構造も関係しているとは思う。

大気汚染の研究者が減っているのは何故だろうか。この研究をしていると憎まれるだけで、努力が報われないし、研究をとりまく環境がうっとうしいからではないかという人が多かった。どう結論を出しても、被害者と加害者（国や企業など）の両方から、激しく揺さぶられるという状況が続いているという。一九六〇年代の被害者と加害者という言葉が今でも妥当なのかも疑問だが、ともかくこの研究分野には、その関係がいまだに残っている。

私自身が大気汚染のことを調べようと思い立ったのは、リスク論の応用範囲を広げるためであった。その過程で、いま書いたような厳しい対立関係を知った。そのことで、私はたじろぐよりは、むしろ、頑張ろうという気持ちになっている。

それは、リスク論とは対立があることを前提にして、しかし対立を超えて一つの決定をしていくための道具だからである。ここで、リスク論が役に立たないなら、その研究の存在意義がないと言ってもいい。

リスク論について、わりとまとまった解説を私が最初に書いたのは、『公害研究』（一九九〇年四月）であったが、その中で私は、リスク・アセスメントは「価値観のちがいを統合するソフト」と定義した。本当にそうなら、この対立状況の中でこそ使えなければならない。

学童ぜん息（様）症の激増

これまで大気汚染物質と言えば、硫黄酸化物や窒素酸化物であった。新しく問題になっている有害物質（ベンゼンなど）と区別して、今ではそれらは「伝統的な大気汚染物質」と呼ばれている。

では、これまでの伝統的な大気汚染物質による危険性と、これまで検討してきた発がん性物質による危険性の大きさとは、一体どちらがどの程度大きいのだろうか。これを比較したい。

亜硫酸ガスや二酸化窒素による害といえば、誰もが慢性気管支炎やぜん息（様）症などの呼吸器系疾患を考えるであろう。「公害健康被害の補償等に関する法律」（公健法と略す）による大気汚染系疾患の被認定者の数は、『環境白書』によれば、一九九三年一二月末現在で八万二八三〇人となっている。近年は毎年五〇〇〇人近く減っている。これは、一九八八年三月一日をもって大気

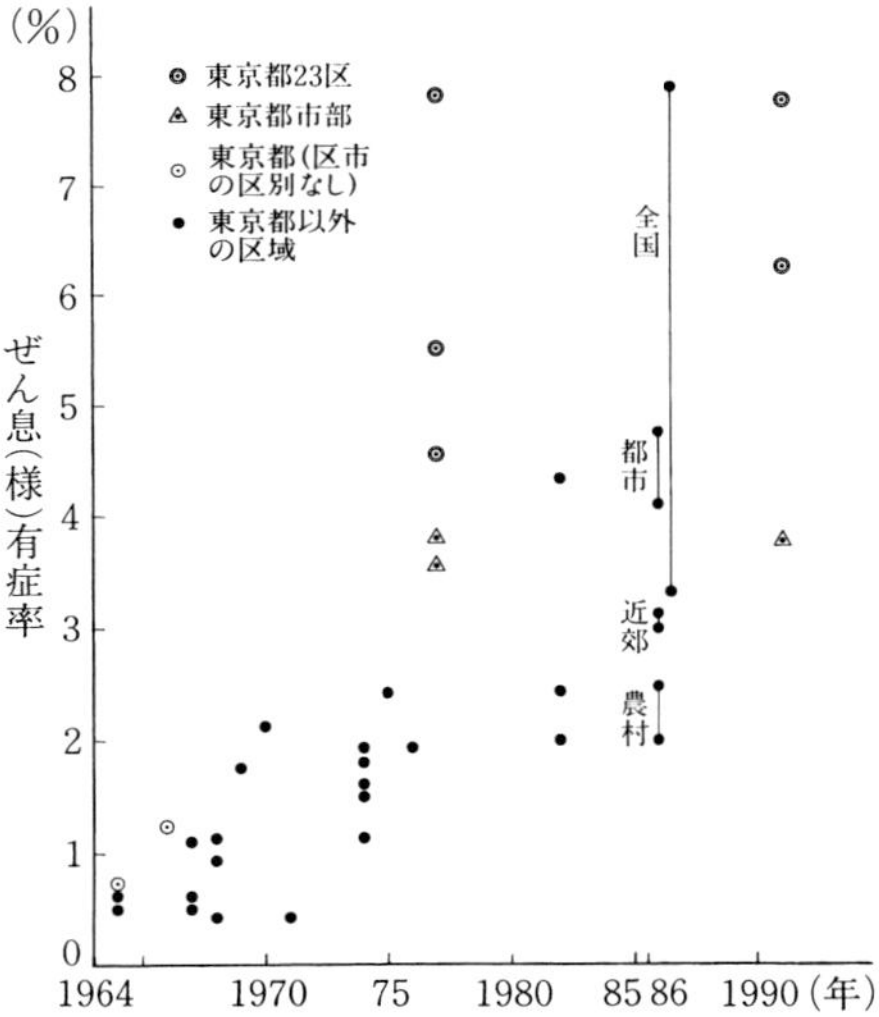

図 10-1　学童のぜん息（様）有症率の推移

注(1)：常俊・新田「平成 4 年度環境庁委託業務報告書――大気汚染のレビュー：ガス状物質・エアロゾルの生体影響」中の表を中西が図に作成した.

注(2)：年は，報告年であって，調査年との間にやや開きがある.

汚染関係の地域指定が解除され、新たな患者の認定が行われていないためである。つまり、公健法は過去の汚染による影響の補償と国では考えているのである。

しかし、一方で学童のぜん息(様)症状をもつ人の割合は年ごとに激増している。常俊義三さん(宮崎医科大学公衆衛生学教室教授)らが、まとめた結果をグラフに表現し直したのが、図10-1の学童のぜん息(様)有症率の推移である。同じ地域を対象にしているわけではないし、調査者も違っているので、詳細な考察はできないが、大体の傾向は読み取れる。一九六四年(但し年は調査年ではなく、報告年である、以下同じ)からはじまって一九九一年まで、二八年間の調査報告であるが、一九六四年に東京都の報告で〇・七二%であった(満川ら)のが、一九七八年の東京都衛生局の報告では、世田谷区七・七八%、港区五・三三%、杉並区四・五一%となり、一九九一年には目黒区七・七%、板橋区六・三%となっていて、空恐ろしくなるような激増ぶりである。

一九八六年報告の環境庁環境保健部の三年に及ぶ大がかりな調査では、農村部でも二一~二一・五%となっていて、一九六四年の東京都の結果の三倍を超えている。

これらの調査の背景について常俊さんは、以下のように述べている。

「ぜん息(様)症は増えているんです。複雑なことに都市でも農村でも増えているんです。しかし、地域格差はあり、汚染地域は発症率が高いんです。他の先進国でも近年、ぜん息(様)症が増えています。日本では一九六二年頃と比べると一〇倍くらいになっています。

NO_2とぜん息(様)症状との関係については環境庁の保健業務課と大気保全局によって別々の

調査が行われたんです。一九八一～八三年と一九八〇～八四年で、いずれも検討会の座長は私です。アレルギー要因、家族の病歴、家族の喫煙、住居の構造、暖房排ガスなどの要素を入れて調査していますが、NO_2の年間平均値が三一 ppbを超える地区では、明らかにぜん息（様）症状有症率は高いんです（図10-2参照）」。

ここで、ぜん息（様）症状とは、二年以内に二回以上の呼吸困難発作をおこしたことを言う。環境基準値は日平均値で〇・〇四～〇・〇六 ppmで、年平均値に換算すると〇・〇二～〇・〇三 ppmになる。〇・〇三 ppmが三〇 ppbであるから、環境基準値を超えれば影響があると言ってもいい。

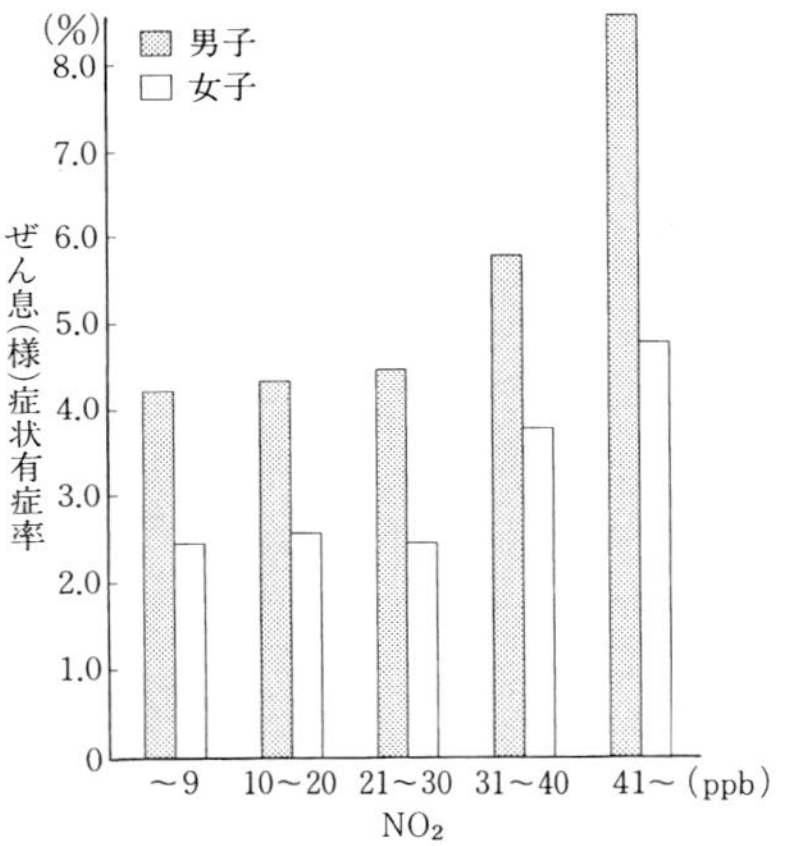

図10-2　ぜん息（様）症状有症率
出典：常俊『大気汚染学会誌』24巻2号，75～89ページ，1989年．の図5.
資料：環境庁大気保全局の調査.

ノックスの影響は？

では、ぜん息（様）症患者の増加はNO_xの影響だろうか。NO_xの排出量は『環境白書』（平成六年版、総説編、二七七ページ）によれば、一九八九年は一九七〇年の八割程度になっていて、むしろ減っている。一方、二酸化窒素の環境中の濃度は、年間平均値で一九七〇年に比べ一九九二年は三割程度上昇している。排出量が減っても環境濃度が上昇するのは、工場起源は減ったにもかかわらず、自動車起源のNO_xが増えたためであろう。しかし、ぜん息(様)症と大気汚染とを結び付けて考えている論文は少なく、むしろ心因を大きくみている傾向がある。

ではNO_xはどの程度人の健康に影響を及ぼしているのだろうか。

ベンゼンと二酸化窒素の環境濃度の比較

NO_x、SO_x、ベンゼンについての排出量と、NO_2(二酸化窒素)、SO_2(亜硫酸ガス)、ベンゼンの環境濃度を比較して表10-1に示した。環境濃度は、体積比のppbという単位の他に、重量を表す$\mu g/m^3$でも表現した。排出重量と比較するためである。NO_xの排出量は全国で約一二〇万トン、その内で自動車による分は三七%程度の四三・五万トンと推定される。亜硫酸ガスは一九七〇年当時から比べると六分の一に減っている。しかし、それでも重量としてはNO_xの七割は排出されている。

NO_xとベンゼンを比較してみよう。ここに示した数値は自動車の内でもガソリン車の排ガスによる分であるが、年間二万トンである(一つの試算)。ベンゼンの全排出量は不明だが、二万トンの二倍は超えないだろう。一方、自動車に起因するNO_xの推定値は、四三・五万トンだから、

表 10-1　大気汚染物質の量の比較

1）排出量　（千トン／年）

SO_x（1970 年）	4973
SO_x（1986 年）	835
NO_x（1986 年）（内自動車）	1176（435）
ベンゼン（1993 年）（ガソリン車の分）	20

2）大気環境濃度年平均値の概数（1990 年代）

	体積表示（ppb）	重量表示（$\mu g/m^3$）
SO_2	10	20～30
NO_2	30～40	60～80
ベンゼン	2～ 4	6～13

資料：地球環境データブック編集委員会編『ひと目でわかる地球環境データブック』オーム社.

車に関係したベンゼンとNO_xの排出量の比は、約一対二〇になる。一方、環境濃度は年間平均値でベンゼンが 6～13 $\mu g/m^3$、NO_2が 60～80 $\mu g/m^3$ 程度になり、NO_2はベンゼンの六倍から一〇倍である。いろんな汚染源があり、NO_xイコールNO_2でないことを考えると、濃度の関係と排出量の関係には整合性があると言っていいだろう。

私は、この結果を見て、NO_xの排出量が意外に小さいことに驚いた。いや、逆にベンゼンの濃度が高いことに驚いたと言ってもいいかもしれない。大気中のベンゼンなど、自分たちの研究室で測定するまで私も気にかけていなかった。専門でない人はもっと知らないだろう。しかし、NO_xの話は誰でも知っている。それにしては差が小さいと思ったのである。

NO_2が、人の健康や環境に悪い影響を与えることは誰もが知っている。しかし、単位重量当りのその危険性の大きさは、どう考えても発がん性物質の方が桁違いに大きいだろう。少なくとも私たちは、発がん性物質に対して、そういう態度で臨んできた。しかし、大都市ではベンゼン濃度がNO_2の六分の一程度であるとすれば、もしかしたら、NO_2よりベンゼンの方が危険性が高いかもしれない、私はこう考えた。

二酸化窒素とベンゼンのリスク比較

しかし、NO_2とぜん息(様)症との関係は議論が多くてはっきりしない上に、たとえ分かったとしても、今までの医学や環境学の範囲では、ぜん息(様)症への影響とがんへの影響の深刻度を比較することはできない。発がん性物質によるリスクと非がん性有害物質によるリスクとを比較するために私の研究室で提案している方法は、両者による損失余命(寿命短縮)を比較する方法である。この方法は、水銀による知覚障害のリスクと発がんリスクとを比較するのに用い、既に第4章で述べた。また、この本では触れなかったが、白あり防除剤のクロルデン(発ガン性あり)とクロロピリフォス(発がん性なし)のリスク評価にもこの方法を用いた。しかし、ぜん息(様)症状について同じ手法を用いるまでの調査ができなかったので、ここではスウェーデンの環境研究所(IVL)で行われた環境勘定に関する研究結果(Bengt Steen and Sven-Olof Ryding, "The EPS Enviro-Accounting Method", Swedish Environmental Research Institute, Gotebe rg 1992-12-15.)を基に、ややちがった方法でベンゼンによる発がんリスクとNO_xによるぜん息(様)症のリスクを比較してみる。

①IVLのこの研究では、代表的な汚染物質、代表的な原料などについて、単位重量当りの環境影響の大きさが計算されている。それによれば、一キログラムの NO_x の環境影響は〇・二二ELUとなっている。次章で詳しく述べるが、ELUとは環境負荷の略称で、10^6 ELUが人が半生を失うことと定義されている。つまり四〇年の損失余命とおきかえてもいいだろう。この前提はともかく、ここではこのELUの単位を使って計算してみよう。NO_x の排出量は年間一二〇万トンであるから、総環境リスクは 2.6×10^8 ELUになる。ただし、この内で人の健康への影響は非常に小さく、逆に言えば他の環境影響の方が大きく、一キログラム当たり〇・〇〇〇三ELUとなっているから、総リスクは 3.6×10^5 ELUである。これを、われわれの研究室で出している関係式、10^{-5} の発がん率は〇・〇四日の余命短縮に相当するという式を用いれば、これは、発がん数一・四人/年のリスクに相当する。

②図10-2には明らかに NO_2 の影響が認められる(環境庁大気保全局調査、一九八六年報告)。これが NO_2 とぜん息(様)症状との関係を示す、日本に存在する唯一のデータである。したがって、これを根拠に考えることにする。

このデータは、NO_2 の濃度(年間平均値)が三〇ppbから四〇ppbに一〇ppb増えると、男女共に、ぜん息(様)症状を示す学童が一%増えることを示している。わが国の NO_2 の年間平均値は一般局で三〇ppb、自動車排ガス測定局で四〇ppb程度になっている。これから、人口の五%は四〇ppb程度の区域で生活し、九五%は三〇ppb以下の地区で生活していると仮定することは、妥当であろう。一億二六〇〇万人の五%は、六三〇万人である。この内、小学校在学中の学童数は、全人口の七・五%であるから、NO_2によるぜん息患者の数は、

$$6{,}300{,}000 \times 0.075 \times 0.01 = 4725 \text{人}$$

となる。

第7章で岡敏弘さんが、アンケートによりそのWTP(支払い意思)を調べ、ベネフィットを推定する方法について述べている。これと原理は同じだが、IVLの研究では、アンケートによって、その苦しみから逃れるためにいくら支払う意思があるか(WTP)を調べることによって、リスクの大きさを評価している。ぜん息(様)症の場合、「深く息ができない」という症状が一日出ることから解放されるためのWTPとして、一～一一四〇ドルという調査結果が出されている。これほどひどい症状が対象になっているわけではないが、学童の調査では二年以内に二回以上なんらかの症状のあることを条件にして有症としている。したがって、やや安全側の評価ではあるが、ここでは平均として年二回このようなひどい症状があり、一回の支払い意思をこの調査の中間として五〇〇ドルという値を使うと、年一〇〇〇ドルになる。この結果は米国などでの結果であるが、ぜん息(様)症の症状のある私の友人達に聞いて見ると、かなり高めで安全側としていいのではないかということであった。詳しくは述べないが、IVLのレポートでは一ドルのWTPは一ELUに相当することになっている。と

すれば、ぜん息(様)症の一人の一年間のリスクは、一〇〇〇ELUになり、これに四七二五人をかけると、5×10^6 ELUになり、がん死亡数で年間約一八人に相当する。

この算出の経過を少し振り返ると、こうである。がんで死ぬことは、ほぼ一〇年の寿命を短くすることだということを第4章で書いた。つまり、がんによる一人の死亡は、2.7×10^5 ELUリスクなのである。したがって、5×10^6 ELUは一八人のがん死亡に相当するのである。ぜん息(様)症の苦しみを一〇〇〇ELUに評価するのはけしからん、もっと重篤であるという意見もあろう。しかし、ここで問題にしているのはその絶対値ではなく、がんの重篤度の比較に用いられているだけである。ここで用いた数字の中身は、一人の人が一年間平均的な重さのぜん息(様)症状をもつリスクと、がんにより一人一年間に死亡するリスクの比を、1:300においたことと同義である。決してぜん息(様)症を軽く評価している訳ではない。

③学童だけでなく、全年齢層の人六三〇万人のうち一%が、ぜん息(様)症に相当するような身体的な被害を受けると仮定してみよう。この場合のリスクは、がん死亡数で年間二四〇人に相当することになる。

前章の表9-1に書いたように、ベンゼンによるがん死亡数の予測は年間一三三人である。これらの数値は多くの仮定を積み上げた結果であるから、それほど細かく議論はできないが、NO_2について、図10-2のような結果しかないとすれば、NO_2による被害をかなり大きめに見積っても、ぜん息(様)症状のリスクはベンゼンのリスクと同程度になる。

二つの極端

日本の環境対策は極端から極端へと走りながら、きわめていびつになった。それが、この大気汚染問題にも表れている。行政機関も市民もNO_2にはひどく敏感だが、発がん性物質の方にはとんと関心がないように見える。

逆に、飲料水や食物に関しての農薬の議論では、発がん性物質はどんなに少量でも駄目という主張が主流で、非がん性の化学物質にはかなり寛容である。

話はそれるが、市民運動のこういう主張は日本だけでなく、世界共通である。しかし、行政機関までも同じ考えである国は、日本以外はないように思う。農水省は、繰り返し農薬は絶対安全であることを保証し、発がん性があれば禁止する姿勢を示している。但し、データの根拠は明かさない。

すでに、『水の環境戦略』の中で詳述しているので、これ以上書かないが、発がん性物質は全部禁止しろという意見は、非がん性物質については、一定値以下なら絶対安全を認めるという考え方の裏返しである。大気汚染で言えば、NO_2の値が一定値以下なら絶対大丈夫ということになる。しかし、もし年間平均値で三〇〜四〇ppbでたとえば、ぜん息(様)症が一%増えるのであれば、二〇〜三〇ppbでもある程度ぜん息(様)症が増える(通常は病気に関する個人差は対数正規分布に従うという仮定で計算する）と考えるのが自然であるが、疫学調査や医学的な調査ではバックグラウンドに隠れて検出できないだろう。そこを、補うのがリスク論である（高濃度でのNO_2の影響についても不明瞭なので、今回はその評価をしなかった）。

発がん性物質も非がん性物質も、どんな量であっても一定のリスクがあり、そのリスクをどう減らすのかという議論をしなければ、結局二つの極端の間で揺れ動き、全体のリスクを減らせないのである。

リスク論と個人補償

我が国では、これまで環境被害と個人補償とは不即不離の関係にあった。しかし、リスクがあるということと、ある個人が病気になることとは別である。リスクが高ければ、それだけ確率が高いということにすぎない。しかし、補償はあくまでも個人の病気の発現を基礎にしている。したがって、リスク論は個人の補償という考え方とは、その枠組みが少しずれる。

しかし、リスク論は補償問題の解決に有効である。リスクが一定値以下の場合は、診断という手段で病人を探し出し、その人の病気の原因を特定し、個人に補償するというプロセス自体が不可能で、徒労に近いという事を教えてくれる。しかし、何もしない訳ではなくて、リスクに応じた対策がとられるべきで、その時の対策は個人補償ではなく、その地域（高リスク地域）、その集団（高リスク集団）全体を対象にした対策が望ましいのである。もちろん、リスクが高い領域では、個人補償は十分ありうる。

では、個人補償が適当か、高リスク集団としての対策が適当かの線はどこで引くか？　と言えば、それはいろいろな条件に左右される。まず、症状が特異なら、その線はリスクの低いレベルに引ける。しかし、ありふれた病気や症状なら、境界線のリスクレベルは高くなる。その他の原因による病気の危険性が高い集団でも、境界線は上がる。

第1章に書いたように、アマゾン川流域の水銀汚染でも対策は集団としての対策しかないと考えている。水俣病患者はいるか、いつ出るかという質問しか出ない中でこれを言い続けるにはかなりの強い意思を必要とする。しかし、ここで誰か患者を見つけ出して、水銀問題を世に問うという意識で立ち向かうと、混乱と怨念しか残らないと思っている。図10-1のぜん息（様）有症者の激増の様子に胸が痛むが、それだけに、ここでもリスク論を基にした解決を目指した方がいいように思う。

第三部　二一世紀の環境問題

第11章　生態リスク

種の激減

河川水の水質については環境基準値がある。しかし、水量については規制がない。流域下水道のように、処理した下水をいっさい河川に戻さず、海までもっていって捨てれば、河川の水質は改善されるが、水量は減り、ある時は川そのものがなくなってしまうが、それでも流域下水道は許される。水質を悪くすることは許されないが、川そのものをなくすことは許される。自然を守るためには、水質の改善と同時に水量も保存しなければならないのは当り前である。その場合、「水質を規制しました」、次に、「水量減少を規制します」では駄目だと思うのである。なぜなら、水質を良くするために、水量を減らす対策が進んでしまうからである。また、水質の保全と水量の保存とが矛盾する場合に、どうすべきかについて解が得られないからである。

一九七一年からはじまった公害規制で日本の川や海はずいぶんきれいになった。そのために、魚が戻ってきたり、悪臭がなくなったところもたくさんある。しかし、一方で我が国の自然は非常に貧弱になっている。何が貧弱か？　川の水がなくなっている。川の姿がどこも同じで、まるで人工水路である。そして、生き物の種類が減っている。水草の種は激減している。

神戸大学理学部助教授の角野康郎さんは、私が水草のことを伺ったときに、次のように答えている。「一九八九年に自然保護協会などが出したレッドデータブックの中で、このままで放置すれば日本の植物の一七％（六種類に一種）が遅かれ早かれ絶滅するだろうということが分かりました。その中で絶滅危惧種が集中する環境というのがいくつか浮かんできまして、その一つが、水域や湿原などの水辺だったわけです。私の研究している水生の植物、普通、水草と言っていますが、それに限定しますと、日本にある約二〇〇種のうちの四分の一以上が絶滅危惧種としてリストアップされました」。また、立教大学教授岩槻邦男さんは、植物の種類が絶滅の危機に瀕する原因として大きいのは、無秩序な開発、取引目的の過剰な採取、それに地球環境の劣化だと書いている（朝日新聞、一九九五年七月三〇日夕刊）。

こういう状態に対してどう立ち向かうかということを抜きに、今後の環境行政は考えられない。わが国の化学物質の規制が人間の健康中心で、生物への影響が考えられなかったことに対する反省から、現在化学物質共存下でのバイオアッセイ（生物飼育実験）についての研究が進んでいる。近いうちに〝生物の生存に影響を与えない濃度〟が出され、それが水質基準値に組み込まれるだろう。しかし、これは冒頭に述べたこれまでの水質基準と全く同じで、そもそも魚が棲めないような水のない空間に、魚の棲めるような水質基準値を設定するという滑稽なことにもなりかねない。そして、より重要なことは、〝生物の生存に影響を与えない濃度〟という目標は、ゴルフ場建設やダム開発、森林伐採などの決定的に生物の生存に影響を与えるような開発行為に何の歯止めもかけられないことである。

規制にバイオアッセイを取り入れるのは、生き物の生存を保証するためである。もしそうなら、面的な開発による生物への脅威も当然規制されなければならない。その原理は同じであろうし、同じであるべきである。

単なる化学物質の規制ではなくて、自然を保護するための枠組みの中で規制が考えられるべきである。そのための道具として、生態リスクという概念を導入しよう。

これまでの生態リスクの扱い方

生態系へのリスクをどう規制の中に取り込むか、そのためには生態リスクをどのように記述すればいいかという議論は日本では全くないと言っていい。

もちろん生物に対する毒性を規制する準備は進んでいる。環境庁ではOECDの方法に準拠して生物毒性の試験法を公表している。それらは、すべて化学物質の生物への毒性影響である。つまり、化学物質を溶解させた水中でみじんこや魚を飼育し、ある「影響」の出る濃度を調べるという方法である。

たとえば、みじんこの急性遊泳阻害試験であれば、二四時間で遊泳阻害を受けることがエンドポイントになり、半数がその影響を受ける濃度を測定する。それが、みじんこ急性遊泳阻害試験半数影響濃度、EC_{50}（Eはeffectの、Cはconcentrationの頭文字）である。その他にも実に沢山の試験が行われている。みじんこ繁殖阻害試験（無作用量）、鯉四八時間半数致死濃度（LC_{50}、Lはlethalの頭文字）、みじんこ半数致死濃度（LC_{50}）などである。みじんこの急性遊泳阻害試験と繁殖阻害試験は、OECDの生態影響テストのガイドラインによるもの、鯉とみじんこのLC_{50}はわが国の農薬登録の際に必要な試験である。

こういう生態系への化学物質の毒性影響の研究は急速に増えつつある。これらの研究は、AというB化学物質とBという化学物質の毒性の強さの違いを教えてくれるが、この指標が生物の運命にどういう影響を与えるか教えてくれない。つまり、生物個体への影響は分かるが、その生物種としての影響が分からない。

たとえば、鯉の四八時間半数致死濃度（LC_{50}）が分かったとする。その濃度で二倍の時間、つまり九六時間曝されればどうなるのだろう？　一〇日曝されれば全滅するのだろうか？

LC_{50}は、生を保証する基準か、それとも死を意味する基準か？

私は長い間、LC_{50}という指標を自分の頭の中にとりこめずに困っていた。

「魚が死んで何が問題か？」と国会議員に聞かれると何も答えられないと言った環境庁の職員のことを別の本で書いたことがある。もとよりこの国会議員の考えを支持するわけではないが、LC_{50}だけで議論していると、私もこういう質問をしたくなる、「四八時間で半数が死ぬと何が起きるのですか？」、「あなた達は、半数致死濃度はいいと思っているのですか？」、それとも、「一〇％致死濃度ならいいのですか？」、それとも、「化学物質はゼロであるべきだと思っているのですか？」と。

つまり、規制しないとき何がおきるかが具体的に分からない。規制しないとき何が起こり、規制により「それ」を防げることを表現できなければ規制はできない。なぜなら、化学物質の使用による利益があり、規制によりその利益が無くなってしまうこともあるからである。そういう利益を失わしむるには、規制により得られる内容が具体的で、人の共感を得られるものでなければならない。

LC_{50}値などについて、今までに二通りの使われ方がある。一つは、LC_{50}の一〇〇〜一〇〇〇分の一程度を無影響濃度と規定し、これを環境中の濃度と比較する方法である。もし、環境中の濃度が無影響濃度より高いような地域があれば、それを要監視物質としてさらに詳細な試験を行うというものである。

もう一つは、米国で行われ、今ではOECDに引き継がれている考え方であるが、ある環境で二〇種の生物を選び出し、化学物質に対して二番目に敏感な（弱い）生物種が保存されるとき、その生態系は保存されるという考え方である。

これらは、生物に影響を与える化学物質を規制するという立場からは、合理的である。しかし、現実に化学物質の生態系への影響より、面的な開発などに生態系への影響が大きいことがはっきりしている現状では、逆効果もないわけではない。

たとえば、農薬を考えてみよう。農薬の毒性影響だけ見れば、生態系にプラスであるはずがない。しかし、もし農薬が農業の収穫をあげる効果があるなら、この地球上の人口を養うために開発しなければならない森林伐採面積を減らすことに貢献し、地球環境影響を減少させる効果が期待できる。この場合、農薬が使われる地域での環境影響と農薬がなかったら行われていたにちがいない農地開発による環境影響を比較しなければならない。ただ単に、その狭い地区への影響があるからという理由だけで規制を厳しくすることにより、かえって別の面で大規模な自然破壊を引き起こす可能性もあるのである。

最近、米国で、スーパーファンドサイトの回復に関して新たな議論が起きている。スーパーファンドサイトとというのは、産業廃棄物等で土壌が汚染され、その汚染回復のための努力が続けられている場所である。土中に有害物が投棄されている場合には、それらを掘り返して無害化するというような作業が続けられている。その回復の目標の第一は、人の健康へのリスクの削減であった。生態系への影響も考えられたが、専ら人の健康を守るためには毒物の濃度が一定値以下ならいいという考え方に基づくものであった。そのために、スーパーファンドサイトは汚染物を除くために、掘り返されるなど、様々な人手が加えられた。そして、多くの場合極めて人工的なスペースになった。ところが回復作業によって、そこに棲息していた多くの生き物がいなくなるという現象が見られている。これが、本当に汚染回復の姿かという疑問が出されているのである。

自然環境保護は未来環境問題

汚染をなくすというだけではない生態系保全の目標がなければおかしい。そうは言っても私としても、何が生態リスクのエンドポイントになるか、結論が出ぬまま時間が過ぎていた。ところが、リオデジャネイロでの地球サミットの後、未来環境の問題を考えるようになり、生態リスク評価の自分としての方向性を見つけた。

つまり、生態リスクとは現在の環境リスクであると同時に未来環境リスクである。つまり、生態リスクを未来環境リスクとして評価すればいい。と同時に未来環境リスクは、生態リスクとして表現すればいいのである。生態系とは、現在生きている人間がその恩恵を受けると同時に、次世代に残さなければならない財産、環境資源である。その内容は、そこに生きている生物とその量である。

とすれば、化学物質の影響は、種の存続を危うくするかどうかで判断できる。つまり、種の消滅確率で表すことができる。環境量は、生き物がいる水の量や、生物の総量である。このように生態リスクを定義すれば、化学物質の生態影響と、ダム建設、森林伐採などの開発による生態系への影響を同じ評価軸で評価できる。そして、序章で述べたように、多くの人の共通の目標になりうる。

LC_{50}には、「個々の生物」の「死の情報」はあるが、「種」としてそれが決定的な意味をもっているかどうかは分からない。そこには、再生産の情報、つまり「生《せい》」の情報がないからである。「種」としての情報を得るためには、「死」と「生」の両方の情報が必要なのである。それではじめて、生態リスクが表現できる。

生物にとって死もあるが、誕生、回復もある。生物としては個々の死はそれほど大きな意味を持たない。種として一定のサイズ(人口に対応)を維持することができ、かつ存続すればいいのである。ここが、人間の健康リスクと違う点である。人に対するリスクは、基本的に「生」の情報だけで組み立てられている。少なくとも一人一人が生を全うするようにと考える。しかし、他の生物に対しては個としての生命の維持ではなく、種としての維持を考えればいいのである。

人間の健康リスクとの違いという点では、発がん性物質の取扱い方の違いがある。生態リスクでは、発がん性を特別に考慮する必要性はないだろう。一般的には変異原性についても特別に考慮しなくていい。「特別に考慮しない」という意味は、それによる死亡率や再生産率以外のことは考慮しなくていいということである。人間にとっては変異原性物質は大きな問題だが、自然界では突然変異は自然淘汰されると考えられている。人工の変異原性物質が大量に環境中に放出されたとき全く問題がないかどうかは、即断できないし、もう少し慎重に考えた方がいい場面があるのではないかという疑いは持っているが、当面は、変異原性という指標は基本的に人間の健康リスクの指標であると考えていいだろう。

変異原性が、生態リスクの指標としてあまり有効でないもう一つの理由は、それが人工の化学物質の検査に縦横に使われていて、市場に出される新規化学物質について、変異原性が高い物質はないからでもある。つまり、人間の健康リスクを削減するためのスクリーニングで除かれているのである。変異原性が使えるのは、事故、特に放射性物質を放出するような事故のリスク評価だけではないかと考えている。

長きにわたってわれわれは、生態系への危険性を考えずに人間への危険性だけで化学物質を規制してきた、そのことはたまたま気が付かなかったということではない。つまり、未来環境保全に類する考え方がなかったのである。

ただ、日本には、生態系保全にとって、他の国にはない良い点がある。一つは身近なところに漁業があり、規制はなくとも漁業との共存を考えざるを得なかったことである。漁業とは種として存続することであるから、生態リスクとして私が求めている指標に近い。二番目は、日本人が多量の魚を食べるために、魚の中に含まれる化学物質を極度に規制する必要があったことである。このことが、人の健康リスクを低く抑えるために生態リスクもまた低く抑えることになっていたのである。

生態リスク算定の枠組み

つぎは、生態リスクの評価方法である。これについては、私には具体的に述べるほどの研究歴も素養もない。ここでは、一応の枠組みを示すだけである。後は生物学者の手で具体化してほしいと思う。生物について研究したことがないにもかかわらず、私がここで生態リスクの評価の枠組みについて触れるのは、環境リスク全体を扱う立場から言えることは言っておいた方がいいと考えるからである。誰もすべてを勉強できるわけではないのだから。

化学物質の影響を種の絶滅確率として表現するためには、どうすればいいか。それは三段階のモデルができれば可能である。第一は、その化学物質の濃度とその対象生物の平衡存在量(人口に相当)との関係を記述するモデル、第二は、その生物の平衡存在量とその種の絶滅確率を記述するモデル、第三は、その種が生態系全体、特に高等動物の絶滅に果たす役割を記述するモデルである。

もう少し詳しく説明してみよう。これまで化学物質と生き物との関係は、半数致死濃度などの指標で表現されてきた。化学物質の濃度と生物の存在量との関係を連続的な関係で把握することが必要になる。さらに、化学物質によっては、再生産(子供が産まれ育つこと)にも影響を与える。それらは負の影響、つまり生物の存在量が減ることだが、逆に生物量が減れば、それを補償する機能もある。それらも考慮すると化学物質の濃度と生物の存在量との関係が分かる。負の効果を補償する機能とは聞き慣れない言葉かもしれない。それを理解していただくためには、化学物質がなくても生物の存在量は無限ではないことを想起していただけばいいと思う。つまり、ある程度以上に増えない機構が働いているのである。そして、それは外からの要因で生物量が減少するときは、逆にその負の効果を補うように働くこともあるのである。

第二のモデルは、生物の種はいつかは絶滅するということを言っているのと同じである。人間も例外ではない。例えば冷温が続いたり、台風が続いたりの特殊な条件がひきがねになって生物種は絶滅する。ただ、第二のモデルが表現しようとしていることは、第一のモデルで計算された平衡存在量が少なければ、それだけ絶滅確率が大きくなるという関係である。

第三のモデルは、いま研究の対象にしている生物種が生態系の食物連鎖の中のどこの位置にあるかを表現し、それが消滅するとどの程度哺乳動物などの安定性に影響を与えるかを推察するのである。これを「生態系の階層構造を表現する」という。

これによって、化学物質がこの地球上の生物種の絶滅（事実上高等動物の絶滅）に与える影響を定量化できる。言い換えれば、化学物質が生態系の安定性に与える脅威の程度を推し量ることを可能にする。

では、このモデルは生態学の常識からみて妥当か？　私は何人かの生物学者に聞いてみた。もちろん、いくつかの問題はあるが、まあ妥当だろうとの意見であった。ただ、「それほど独創的な新しいモデルではないかもしれない」という意見もあった。実は、それは私にとっては好ましいことである。私は生物の専門家ではないので、生物の部分ではできるだけ議論が分かれない形にしたいのである。私が生物学の新しい理論を出しているようでは、とても環境政策に役立てることができない。私にとっては、それを環境政策に生かすところが独創的であればいいのであるから。

では、これはどの程度まで進んでいるか？　第一のモデルは、米国でいま研究が始まったところである。米国のオークリッジ国立研究所のグレン・スーターらの研究グループが一番進んでいる。第二は、生存生物学という分野で、近年急速に発展している。この成果をどの程度この目的に適合したように使うかが鍵である。第三は、生態学の永遠のテーマであり、議論百出であるが、言ってみればある程度成熟した研究分野であり、私の課題はどう利用するかであろう。

では面的な開発の環境への影響はどのように表現するのがいいのだろうか？　それは、その開発によって、生態系の階層構造のどの段階の生物の棲息地が奪われ、代わりにどの段階の生物の棲息地になるかで決まる。つまり、この場合は先に述べた第一のモデルと第二のモデルは不要である。いきなり第三のモデルにとぶのである。実は、化学物質の影響を評価する場合も、いきなり第三のモデルにとぶケースがあるのだが、ここではこれ以上詳しい話はやめておく。このようにして、化学物質が生態系に与える影響と面的な開発の影響を最後は同じモデルによって、評価できる。

生態リスクの大きさ（期待値）の単位は面積である。人の健康リスクは最終的には命を失う人の数で表現された。このことからも、生態リスク評価は、地球を相手にした仕事であることを理解してもらえるだろう。

環境リスクの制御原則

環境リスクを評価するという仕事をしている人間には、それが仮定の積み重ねの上に成り立っている仕事であること、答えは一義的でないことが分かっているから、最終的な値を一元的な表現にはしたくないという思いが強い。ましてや、金銭評価は生々しいだけに躊躇したくなる。しかし、そのリスク削減のために費用がかかり、その費用をかけてもリスクを削減するのかという問題を突きつけられれば、結局リスク削減効果と費用と比較して、リスク削減のために費用をかけるか、かけずにリスクを受忍するかの、どちらかの選択をしなければならない。生態リスクも、結局その経済的な価値と置き換えることになる。

人の健康リスクについては、最終的には人の命の価値（金銭評価）という表現の仕方をし、それを一つの目標値にするということはすでに第7章で述べた。水銀のリスク評価の際にもすでにそういう手法を用いている。

では、生態リスクについてどういう考え方が可能だろうか？　この場合にもリスク・ベネフィット的な考え方が望ましいのだが、第7章で書いたようにリスク・ベネフィット解析は影響が非常に遅れてでてくるような事柄には適用できない。なぜなら、この方法では、費用(ベネフィット)も影響(リスク)も社会的な割引率を用いて、現在価値に変換して比較する。ところが、五〇年も後に起こるであろうことは、現在価値に直すとゼロに近くなってしまう。これでは、未来環境の問題には使えない。

二酸化炭素による気候温暖化問題などでは、それを逃れるために、社会的な割引率を通常の五〜六%の代わりに〇・五%などを使っている。〇・五%を使うか、一%を使うかで結果は全く違ってくる。

一定の意味づけをして何%の利子率を使うか決めてもいいのだろうが、ここではともかく将来の問題が重要だという立場にたっているので、社会的な割引率を使うことに無理がある。それ故、むしろ生態リスクは未来の問題として分けて、現在価値などに変えることなく、もう一つ別の世界のものとしてその中で、リスク・ベネフィット的な考え方を適用する方がいいと考えたのである。リスク・ベネフィットと言っても、費用や資源の効果的な利用ぐらいの意味である。

では、それをどのような根拠で決めるべきだろうか？　それには、人の健康リスクを削減するための費用をこれまでの実績から決めたと同じ様な方法を使うのがいいだろう。われわれは、曲がりなりにも、自然保護のために努力し、資金を投入し、開発を抑制してきたのである。それをまず評価するところからはじめるべきだと思う。残念ながら、まだ私は生態リスクについては、まだその解析ができていない。最終的には、今われわれが使える資金や、資源を、今の人の健康保持と生活程度の向上のためと、未来の人のための環境保全と資源の保護、さらに未来の人の生活程度の向上のための技術開発にどう割り振るかを考えていかなくてはならないのである。

先に、私は LC_{50} 頼りの規制では駄目だと書いた。しかし、生態リスク評価の手法が確立するまで化学物質の規制を遅らせることができないという事情もある。そのような場合、とりあえず、どういうことができるかを考えてみたい。

人の健康リスクのところで、リスク・ベネフィット以外にリスクベースドの原則を用いたと同じことが可能である。例えば、その水域なり陸域で、生物種を弱い順に二〇組分類し、その二組目の弱い生物の生存量が二〇％減少する濃度（現場で生物量の減少が実験的に確認できる最小の割合）を基準にすることにする。弱い生物種の二組目を基準にする考え方は、長らく米国で使われてきた考え方である。米国では、すでにこの考え方の見直しが始まっているが、最初の段階で使っていくのは、いいだろう。その上で、その規制を適用すると、他のところで、かえって生態リスクを大きくさせてしまう危険性がある場合には、それを若干緩和すればいい。

ダム開発が魚に与える影響なども同じ原理で規制できる。森林伐採や面的な開発の場合も、同様である。

ライフ・サイクル・アセスメント（LCA）

最近ライフ・サイクル・アセスメント（以下LCAと略す）に関する研究が盛んに行われるようになってきた。同じLCAと略されるものにライフ・サイクル・アナリシスがあり、商品や生産活動の最初から最後までを対象にして考えること、つまり「ゆりかごから墓場まで」の解析である点は共通だが、評価の視点はやや違う。後者のanalysis（分析）の方はもっぱらエネルギー使用量の解析で、前者のassessment（評価）はエネルギー消費も含むが、最終的にそれらを環境影響で評価しようとするものである。私の仕事と関係があるのは、前者のLCA（ライフ・サイクル・アセスメント）の方である。

環境への影響が広範に及ぶようになり、排出規制だけすればいいという状態ではなくなってきた。そこで、排出、資源の利用などの環境影響を総合的に評価し、ある活動がもたらす総合的な環境影響の度合を評価し、それを比較することによって、環境にとってよりましな生産方法、国土計画などを選んでいこうというものである。

スウェーデンの国立環境研究所が出した論文は、LCAの代表的な論文の一つであり、ボルボ社が自社製造の自動車に適用して、広告で取り上げたので有名になったが、そこでは人の健康リスクも生態リスクもELU（Environmental Load Unit　環境負荷単位）という単位で評価している。

ELUは、人の損失余命を基礎にした単位である。

この論文では、人の健康へのリスクの単位をこう定義している。一人の死亡、つまり一人が平均寿命の二分の一の余命を損失するようなリスクは、10^6 ELUであると定義している。そして、その他のあらゆる環境影響もこのELUという単位で表現している。私たちの研究グループは、第7章で述べたように、人の健康リスクを損失余命という統一的な尺度で表現できると主張してきたので、私のこれまでのリスクに関する研究結果は、すべて、このスウェーデンの研究結果と比べることができるのである。

私の仕事とスウェーデンの仕事とは、全く何の接点もないまま進められた。それが、最後は同じ尺度に到達していることは、損失余命という単位が、あらゆる環境影響を測定するための尺度として有望であることを示唆している。

私は、これまで、人の健康へのリスクは、発がんリスクまたは発がんリスク当量というかたちで表現してきた。10^{-5}の発がんリスクと表現した。これは、一〇万人中で一人ががんになる確率であり、リスクである。非がん性物質の毒性については、「損失余命」を計算し、〇・〇四日の損失余命は10^{-5}の発がんリスク当量であるという関係を用いて、わざわざ発がんリスク当量と表現してきた。それは、発がんリスクという表現の方が、少なくともこれまでリスク論を研究してきた者になじみがあるからであった。しかし、このスウェーデンの研究が社会的に受け止められていくようであるなら、むしろ逆に発がんリスクも、その他のリスクも「損失余命」の単位で表現し、ELUで表現する方がいいかもしれない。つまり、私が使ってきた10^{-5}の発がんリスクは、損失余命〇・〇四日に相当し、かつ二・七ELUに相当するという関係を用いればいいのである。

この研究では、生態リスクも、人の健康リスクも、それから資源枯渇の影響も一つの単位ELUで表現している。この方法の詳細部分、また使い方については、私も異論がないわけはないが、しかし、このような全体的な枠組みの評価、つまり、未来を視野に入れた検討の枠組みがこれからの環境政策には必要であることは、いくら強調してもしすぎることはない。その意味で、スウェーデンのこの研究は今後の環境政策の方向性を示すものである。

この論文の内容を詳しく解説することはしないが、二つのことだけ書いておこう。一つは、その全体的な環境影響を、物質一キログラム当たりの環境負荷というかたちで整理している。一方、面的な開発に対しては、生物多様性がどの程度打撃を受けるかで、その環境影響を評価している。それが、最終的にELUという単位で評価できるのは、〝現在〟のためと〝将来〟のためにどのように資源を配分するかを、環境政策の実際から引き出しているからである。この考え方は、私の出した考え方、つまり、現状の環境対策の実績から、環境対策における人の命の価値を抽出し、また、現状の自然保護対策における生態リスク削減費用を抽出し、それを政策の基礎にしようという考え方と基本的な点で同じである。

丸ごと地球環境問題

多くの地球環境問題が話題になり、研究もされて、一定の対策もとられている。例えば、二酸化炭素ガスによる地球温暖化、フロンによるオゾン層破壊、生物種の激減、砂漠化、熱帯雨林の激減等である。これらはいずれも重要な問題であるが、個々別々にトピックスとして取り上げられ、対策が講じられている。しかし、それらの相対的な重要度は分からない。どうも、地球温暖化問題だけが突出して重きが置かれているように感ずるが、それも実ははっきりしない。われわれはそろそろ地球環境問題の中で、それぞれの重要性を判断しなければならなくなっている。或いは、まだトピックスになってはいないが、重大な地球環境問題があるかもしれない、それを探しだせるようにしなければならない。

そういう問題にぶつかったとき、私がここで提案している生態リスクは有力なツールになる。この尺度は、地球環境問題を全体として捉え、できるだけ合理的に人の知恵や資源を配分するために極めて有効である。地球環境問題をシングル・イシューとして、トピックスとして捉え、個別に対応する時代は終わった。私が今展開しつつある考え方の枠組みは、地球環境問題を丸ごと捉え、その上で、個別の対策を立てるための考え方の提案である。

あとがき

環境問題はますます深刻になっているが、同時に他の問題との相互依存性、複雑さ、不確かさも増すばかりで、直感や単純な正義感だけで環境問題に対することは不可能になってきた。場あたり的な対策は、百害あって一利なしである。いろいろな環境影響を統合して少数の(ある場合には一つの)尺度で評価できるようにし、その評価結果をもとに政策を選択する必要がある。それは効率的で合理的であるばかりでなく、政策の原理が明示されるので、公平性も担保できる。

しかし、その明快さや単純化のために地域特性、個々の問題の個性、複雑さ、不確かさを切り捨てるものであってはならない。不確かさなどを内包しつつ、なおかつ統合的な環境政策の科学を作りたいとの思いが形になったのが、この本で書いた環境リスク論である。

環境影響を環境リスクととらえ、統一的原理を見いだすことが課題だから、問題の個性を切り捨ててはいないか、割り切りすぎてはいないかということを常に気にしている。にもかかわらず、私がこの道を進むのは、どうしてもこの種の理念が必要であるということと、私がこの研究をする方が、間違いが少ないのではないかと考えるからである。それは、決して自信ではない。自分の人生の経過からである。

大学院を卒業すると同時に公害問題にぶつかり、それと格闘しながら三〇年を費やして、地域の汚染、地域の被害者を目のあたりにし、その中で研究し戦ってきた、その人生の長さというようなものである。自然現象としての公害問題の現われ方は、それまで習ってきた科学や計算を超えるものだった。決して平均値ではなく、極めてまれにしか起きないはずのことが目の前に起きており、不思議としか言いようのないものだった。環境問題はそういうものだということをまず、自分の体に教え込ませた。社会問題はもっと難しく、誰かは被害を受けるという確率と、その人にとってはたった一回しかない人生の重みの矛盾を考えざるを得なかった。それらのことを、私は自分のリスク論の中に入れ込んだ。であるから、無謬だなどというつもりは毛頭ないが、公害問題に心を砕いてきたその人生の長さこそが、私がこの研究を続ける支えである。その長さが本当に生かされているかどうかは、歴史の審判に委ねるしかない。

この本の中で、私は人の健康リスクと生態系へのリスクとをことあるごとに、対比的に扱っている。ここでも一つだけその対比を述べておきたい。人の健康リスクに対する今までの議論や科学は、あたかも無限の生があるような前提で組み立てられている。人に寿命があり、死があることが忘れられている。私がここで展開しているリスク論は、人の死を避けられないものとして受け入れることから始まっている。

逆に、生態系へのリスクについての今までの議論は、死の情報で満たされている。どう生きているのかの情報がない。ここでも死と生をつなぐ考え方の必要性を述べた。両方のリスクを考慮することは、地球の環境保全にとって重要なだけでなく、環境問題の論理を考える上でも相補的であるが故に、必要なのである。

この本の中で、環境保全と他の目的とのかね合いについては、トレードオフ的な関係を前提にして書くことが多かった。しかし、両者が共存できる場合も当然あるし、そうでなければ持続的な開発はあり得ないが、ここではそれに触れることができなかった。この点については、『水の環境戦略』を読んでいただきたい。

この本のもとは、『世界』に連載された「技術屋の環境政策異論」である。一九九二年七月から一九九四年一二月まで、途中病気で少し休んだが二〇回連載された。それを整理、再構築してこの本はできあがった。この連載は今中断しているが、遠からず再開されることになっている。そこでは環境リスク論の重要な要素である生態リスクについて書かねばならない。本来はそれを含めて一冊の本にしたかったが、途中まででも早く読みたいという希望が多く、出版させていただくことになった。そのため、生態リスクについては、ほんの導入部しか書けていない。この課題は私の宿題である。

私は九月中旬から三カ月間米国に滞在する。テネシー州のオークリッジ国立研究所を中心にしていくつかの研究所や大学でリスク論の勉強をする。フルブライトの奨学金をいただくことができたお陰である。この三カ月を生かし、リスク論をさらに幅のあるものにしたいと考えている。

『世界』への連載は、編集部の上田麻里さんの発案ではじまった。連載中は原稿が遅れてぎりぎりで滑り込んだことも何回かあり、随分無理をさせてしまった。『世界』の連載が始まった頃は、リスク論はそれほど一般的なものではなかった。特に『世界』誌上では、私の仕事は異質だったはずである。にもかかわらず、二〇回もの連載を続けることができたのは、上田さんのお陰である。その上、単行本にまで育ててくれた。内容についてもいつも意見を出してもらったが、それだけでなく、現場にも何回か同行している。感謝に堪えない。

この本の中で書かれていることの数値の根拠や、事実関係などについてもう少し詳しく知りたい方は、『世界』の連載か『水情報』に掲載された「サブテキスト」を参考にしていただきたい。

中西準子

一九九五年九月初旬　横浜にて

図一覧

表一覧

マ 行

ヤ 行

ラ 行

サ 行

タ 行

ナ 行

ハ 行

キーワード

主要なキーワードを五十音順に並べた．

項目を主題とする節があるときは，その箇所のみを示した．また，複数ページにわたり記述がある場合は，最初のページを示した．

ア 行

カ 行

■岩波オンデマンドブックス■

環境リスク論――技術論からみた政策提言

1995年10月26日　第1刷発行
2008年6月5日　第13刷発行
2017年1月13日　オンデマンド版発行

著　者　中西準子《なかにしじゅんこ》

発行者　岡本　厚

発行所　株式会社 岩波書店
〒101-8002 東京都千代田区一ツ橋2-5-5
電話案内 03-5210-4000
http://www.iwanami.co.jp/

印刷／製本・法令印刷

ISBN 978-4-00-730557-3　　Printed in Japan